Running footing para vagos

(.es)

© Running para vagos
© Amanda Craig O´Jones
ISBN: 978-84-686-3607-8
Editor Bubok Publishing S.L.
Impreso en España / Printed in Spain

CONTACTO
hayalguienahi@runningparavagos.com
facebook.com/runningparavagos
twitter.com/amanda_c_ojones

Índice

La afición al running dio comienzo al mismo tiempo que la objeción de conciencia. Al igual que los cristianos en su momento, los primeros runners no eran gente muy apreciada entre sus congéneres.

Introducción

Este librillo va dirigido a todo aquél que se atrevería a escribir "st –lbro" en el móvil. O incluso en un procesador de textos. O quizá hasta en una pizarra, ante decenas de asistentes a una ponencia sobre literatura.

Este tipo de personas suelen buscar siempre el camino más corto, aunque tarden mucho más y ello les suponga increíbles molestias, como dar vueltas y vueltas en el parking del supermercado, examinando cuidadosamente cada hilera de coches, parando a menudo para ver si sale alguien, molestando a docenas de otros conductores, y todo para no alejarse unos veinte metros, donde hay cientos de sitios vacíos.

A lo largo del texto haré uso de tácticas psicológicas específicas para arrancarle de su letargo vital, incidiendo sutilmente en unas pocas facetas (las que tiene) de su débil[1] personalidad.

Perseguiremos juntos dos objetivos:[2] por un lado, que usted se levante de la cama cada día con la sana intención de salir a correr; la segunda, que llene mis bolsillos con dinero a un ritmo más constante y rápido que el de sus zancadas. Aunque si sólo consigue el segundo... no se apure, pienso escribir un tratado sobre la venta de ropa deportiva y zapatillas usadas, a altísimos precios. Todavía estoy en el curso de serigrafía, pero ya acabé el de digitalización de logotipos.

---

1 Nótese, en esta primera lanza motivacional, la ausencia de adjetivos como "infame" o "despreciable", que podrían ofender al lector y dar al traste con mis objetivos.

2 Si los objetivos se dispersaran... separémonos. Usted a por el primero, yo a por el segundo. Nos vemos en el Copazo's a las 20:32.

Metabolismo, edad
y dietas

La vida me iba bien: un pasote de novia en mi casa, un cargo de responsabilidad en un curro interesante, cierto poder adquisitivo, amistades con quien hacer una barbacoa... y un día me doy cuenta de que hace tiempo que el pantalón me aprieta, que mis digestiones son terribles y tengo acidez casi permanente. Y me da por pesarme, con treinta y tres o treinta y cuatro años, y me doy cuenta de que peso noventa y dos quilos. Con 1,71 (de altura), se trata de un problema gordo (risitas).

Me asusté. Pero, ¿cómo podía ser? Si hacía sólo seis o siete años yo pesaba sesenta y siete quilos... Es cierto que ahora hacía mucha menos gimnasia, pero comía como siempre lo había hecho. ¿¿¿Veinticinco quilos en siete años??? ¡Todas las crías de foca engordan más despacio!

Y ahí empezaron mis dietas inútiles. Porque, tal como he podido comprobar posteriormente en mis carnes (nunca mejor dicho), toda alteración de los hábitos alimentarios es compensada en sentido contrario con la fuerza equivalente a la glucosa desplazada por dicha alteración... apenas cesa la dieta. Creo que cuando me di cuenta no dije "Eureka", pero solté un eructo que sonó bastante parecido al griego arcaico.

En efecto, comer menos y mejor adelgaza. Pero eso es una expresión lutuh (ver más adelante). Es como decirle a una persona muy fea, tímida e imbécil que para ligar más hay que vestir mejor.

Y es que estamos inmersos todavía en la Edad Media en muchos aspectos de la salud humana. De la misma forma que no existen medicamentos para los bebés y no se sabe cómo curar decenas de enfermedades, nadie tiene demasiado claro por qué engordamos exactamente.[1] Decir que nuestro metabolismo cambia a los cuarenta, que se ralentiza y tenemos que comer menos... es una aseveración tan sagaz, extraordinaria, impredecible y reveladora como una profecía. (No vaya a hacérselo

---

1 Tampoco se sabe con certeza por qué envejecemos, pero la ignorancia sobre el envejecimiento no queda tan mal. En cambio, se necesita un buen as en la manga para explicar el sebo extra sin parecer incompetente, y si encima las razones apuntan a su propia vagancia o a sus inadecuados hábitos alimentarios, es muy probable que usted no vuelva a preguntar sobre el tema.

notar a su médico. Él tiene un título. Y es una suerte que al graduarse les den un diploma en papel y no un báculo de bronce.) [2]

Igual que hace poco (muy poco) nuestro médico nos conminaba a dejar el tabaco mientras apuraba su cigarrillo, la mayoría de los médicos jamás ha hecho esas dietas de mierda. Esa puñetera manzana a media mañana no sólo **no** te quita el hambre, sino que te da gases y retortijones ¡cojones! Le pasa a casi todo el mundo. ¿Por qué entonces sale la jodida manzana en todas las dietas y libros? Se puede apuntar cuatro razones:

1. La mediocridad y la falta de respeto no se ven alterados por el nivel de estudios.

2. El gusto por el dinero fácil es universal.

3. El juramento hipocrático obliga apenas a salvar moribundos.

4. El lobby de las manzanas debe de estar financiando los libros de dietas.

2 En la Edad Media los báculos de graduación se empleaban en las consultas cuando el paciente preguntaba algo inconveniente, o cuando el tratamiento inicial no resultaba muy eficaz. El saludo más usual a la sazón era "¿le ha seguido alguien?". El Colegio de Médicos acabó sustituyendo el báculo por un diploma en papel, pero entonces los médicos inventaron el torno de trepanar cráneos. Con el tiempo la minuta sin factura ha ido imponiéndose como arma disuasoria, por ello llamada "la dolorosa".

Tengo una teoría para explicar el punto 1: los médicos y dietistas son personas,[3] y cuanto más esfuerzo conlleve a un médico llegar a su estatus, mayor será su resistencia a los cambios y novedades. ¿Desmontaría usted (y montaría de nuevo) la cómoda *Smörtnschtrud* de Ikea sólo porque un travesaño trasero está del revés? ¡Amos anda! Los médicos realmente competentes se convertirán en increíbles especialistas demasiado ocupados en cosas verdaderamente interesantes. Y a menos que los quilos de usted enmudezcan de humildad ante los de su propia cuenta bancaria... el facultativo que le atenderá no pertenece a esa categoría. El que tiene usted delante debe atenderle si quiere seguir conduciendo su Audi, y la dieta hipocalórica es lo único que necesita conocer. Si no comes, te adelgazas. Si sigues insistiendo, te mueres. Por tanto, adelgace sin llegar a morirse.[4] Asunto resuelto.

Bueno, pues hay que joderse, porque no hay mucha más alternativa. En estos últimos años descubrí la dieta Montignac, y me funcionó muy bien. Luego me desmadré y cuando quise volver a hacerla ya no funcionó más. He visto a gente hacer la Dukan, y les ha funcionado, pero sé de buena tinta que siguen pasando hambre, y un aburrimiento gastronómico mayúsculo. Eso no es vida. Yo no digo que haya que vivir pendiente de la hora del dónut. Pero tener que comer ocho lonchas de pavo para cenar (o doce si te quedas con hambre) es para colgarse de la viga.

Y es que la especialización nos ha jodido. Pasa en todas las disciplinas. Hoy en día, por ejemplo, doce arquitectos de cada nueve carecen del menor talento para el dibujo ni el arte de ningún tipo, y nos hacen unos cajones enormes de acero, hormigón y vidrio. Y encima les damos un premio.[5] Y en el terreno que nos ocupa, el de las dietas, seamos sensatos,

---

3 Tres de cada cuatro médicos son personas. Según un estudio realizado con placebos, los pacientes son incapaces de distinguir al maniquí del doctor, ni siquiera cuando el maniquí llega a recetarse antidepresivos a él mismo, tras un par de días de pruebas.

4 No le dirán "adelgace sin llegar a morirse". Se tomarán la molestia de recitarle la perorata completa. A menos que ya les haya usted pagado. Pero el mensaje subliminal sigue siendo "póngase a dieta y no joda más".

5 Podría acusárseme de no "entender el arte" de los arquitectos. Y no sin razón. Admito que nunca me he emocionado ante la calidad extrema del acero de una viga. La solidez del hormigón de unos cimientos no despierta en mí sentimientos destacables. Me cuesta un poco, a veces, aprehender la elegancia del polinomio de Taylor. Y no suelo asistir a las exposiciones sobre las tensiones mecánicas en las juntas disímiles. En otras palabras, soy el tipo de persona incapaz de apreciar la belleza contenida en un poliedro.

deberían unirse equipos de médicos, investigadores y chefs competentes para conseguir algo digno de esta era, que –no lo olvidemos– es la espacial.[6]

Por fin, no hay más remedio: lo que me queda es llegar a ser capaz de correr dignamente durante media hora, porque sé que ese gasto energético, combinado con una alimentación decente y variada (y algo recortada), funcionará, con el tiempo. Es una lástima, porque estoy convencido de que dentro de veinte años ya se sabrá qué cojones de desarreglos causan el engorde, exactamente. Dentro de veinte años ya no nos dirán que es de día porque salió el sol. Nos dirán qué es lo que se nos ha estropeado y nos lo arreglarán. Hasta entonces... habrá que correr, nadar o levantar pesas. De todas formas, he leído algo sobre los telómeros, realmente interesante, que bien merece el esfuerzo de hacer ejercicio. Busque en Google "telómeros" + sex on the beach", y algo bueno aprenderá.

El encuentro

Hoy me subo a la montaña. No me veo capaz de coger la bici, y estoy harto de caminar por la playa. Algo tengo que hacer, y todavía es muy temprano. Pero lo primero es ir de vientre. No se puede caminar si te estás cagando. Por eso los pájaros aprendieron a volar. Puesto que siempre están cagando, no podían escapar de sus depredadores.

Además, la báscula siempre se muestra más discreta tras la comunión con La Taza.

Afortunadamente, tengo un reloj en el intestino, y si no funciona siempre tengo a mano los artículos de Marhuenda o Losantos. Aunque estén atrasados, mantienen intacto su efecto laxante.

Bueno, pues llego en coche hasta el principio del camino. Y comienzo a subir. Sin calentar ni estirar. Como los hombres. ¿Acaso calentaban los romanos antes de la batalla? "Un minuto cartagineses, hay que estirar ge-

---

6 ¿O eso fue ya en el siglo pasado?

melos y antebrazos." "¡Ay, me ha dado un tirón! Amílcar, quieta la lanza, tiempo muertooo…"

Y nada mas empezar adelanto a un súper vejete. Normalmente eso no sería algo que yo explicara. Sin embargo en ocasiones… omitir la experiencia sería casi como mentir. El vecino de arriba de la oficina tiene instalada una barra en el techo del taller, y el tío, con setenta y pico años o más, paso un día por allá, da un salto, se cuelga de la barra y se hace varias flexiones. Y no contento con mi cara de pez (payaso), al final se da la vuelta hacia arriba y hacia atrás a pulso, a fuerza de brazos y abdominales, como un trapecista profesional de veinticinco años.

Pero este otro no creo que me ridiculice. Tiene cuanto menos bronquitis aftosa terminal. No para de toser y carraspear a unos ciento diez decibelios. Nos saludamos y aprieto el paso para dejarle atrás cuanto antes, no sea que el piloto de un Apache nos lance un ataque preventivo desde Afganistán.

Y camino y camino y camino. Y dos horas más tarde, de vuelta ya, a un kilómetro del final, veo cómo va echando, a toda leche. Tengo que pillarle sin correr, es un reto. Le adelantaré justo antes del final. Y va el tío, cuando le tenía a ciento cincuenta metros, y se para a mear. ¿Qué hago? ¿Paro a mear también? ¿Es esto un pit stop? ¿Sigo y le pongo en un compromiso? Pero si sigo se acaba el reto, no vale. Bueno, creo que me ha visto, ya no puedo parar, o pensará que me gusta su culo. Voy a ver si por lo menos le paso de largo, esto es muy incómodo. Coñe, diez metros antes de que le rebase acaba su faena y echa de nuevo a andar. Vamos casi al mismo paso, le gano un metro cada diez.

Finalmente llego a su lado y se produce el encuentro. "Buenos días... de nuevo", me dice. Ese saludo... se ve que quiere hablar. Ahora puedo mostrarme muy catalán y declinar la invitación con un "Buenos días, buenos días",[7] o incluso llegar un poco más lejos y ser, directamente, británico, y apenas lanzar un resoplido condescendiente. Pero hoy mi sangre catalana está haciendo horas extra en mis extremidades, y mi sangre andaluza, aunque un poco en desuso, entra al trapo.

El tío corría maratones. Y empieza a contarme. Y yo le digo que yo eso de correr no puedo, a menos que sea en bajada, y corta. Y con un bar al final de la bajada.

Y entonces... ¡oh! Entonceeesss.... se produce uno de esos puntos de inflexión en la vida de las personas, de la forma más insospechada. Son apenas un par de minutos en que un desconocido que jamás he visto[8] me habla de un tema que no me interesa, y sin embargo produce un leve cambio. La roca pierde pie con esa piedrecilla que la sostenía en equilibrio, y cae al vacío, provoca un desprendimiento y destruye un pueblo entero: mañana... INTENTARÉ HACER running. El running es lo mismo que el footing, pero más cool. Yeah.

---

7 Los catalanes contestamos en castellano si nos hablan en castellano, aunque seamos de Esquerra Republicana. Y como somos bilingües, a esa persona ya jamás le podremos hablar en catalán sin que nos incomode extraordinariamente. Use esa técnica si desea que un catalán le hable siempre en castellano, en vez de escribir artículos difamatorios en *Libertad Digital*.

8 No, no es una redundancia. Actualmente conozco a más desconocidos que conocidos. En mi propia escalera viven varios desconocidos con los que me cruzo a menudo desde hace años.

Echar a andar

El primer día caminaba por la arena, por la parte seca, a buen ritmo. Sudaba y pensaba: "esto es ejercicio, no los que andan por la parte húmeda, eso es andar por la alfombra de casa". Y cuando llevaba una hora caminando, bien sudado, me sentía recompensado por el esfuerzo y me parecía que había conseguido algo.

Hasta que empecé a correr, tras el encuentro con Maraton Man en la cuesta de Sitges. Entonces me di cuenta de la cantidad de gente que podía hacer diez veces más que yo. Y no hablo necesariamente de gente atlética, que los hay. Hay una buena cantidad de gord@s y viej@s que también hacen mucho más que yo.

Como para hundir a cualquiera.[1]

Yo ya había notado algo viendo la procesión de bicis de montaña que cada día sube desde Sitges por el Garraf, con un desnivel inicial de doscientos cincuenta metros en unos dos quilómetros. Gente barriguda, gente escuchimizada, desde osos hasta lagartijas. Todos suben esa pedazo de cuesta, que yo sólo puedo atacar caminando o en taxi.

Pero... por algún sitio hay que empezar. El camino para llegar a una figura más esbelta, una salud decente y una vida mejor es como todos los caminos: tiene principio, mitad y final. No se puede llegar al punto B sin pasar por el A, a menos que seas político, banquero o traficante de drogas.

Ya sea caminar en asfalto, en arena, bailar o mover los párpados con firmeza... ése es el principio.

Ahora bien, no es cierto que el ejercicio moderado dé resultados. Los médicos se aseguran mucho el tiro cuando hablan de ejercicio moderado.[2] Si uno quiere adelgazar, ejercicio moderado es aquél que cuando lo acabas estás agotado, pero todavía no has fallecido. Si no te has cansado, apenas estás en el proceso previo al de estar en forma. Y aunque todos los caminos empiezan en el kilómetro cero, no mencionar eso provoca un efecto devastador en la moral del que intenta perder peso. Porque haces

---

1 Excepto a un cínico como yo.

2 Más o menos como si pago una caña con cinco euros y el camarero me devuelve veinte, para evitarse una equivocación.

lo que te dicen y no pasa absolutamente nada. Sales a caminar y al día siguiente o al otro estás igual de gordo. Y haces eso durante tres meses y has perdido un quilo. Luego te comes un dónut y ya lo encontraste, ¡a la primera!

Todos nos ponemos a hacer ejercicio para adelgazar. Asociamos el ejercicio con la buena figura, y por tanto cuando no bajamos de peso dejamos el ejercicio. Si no queremos frustrarnos, debemos considerar el ejercicio como una escalera hacia el bienestar, cuyos tres primeros peldaños han sido diseñados por Javier Mariscal. Puede que parezca imposible superarlos, pero una vez sobre el tercero, la cosa está hecha.

El ejercicio "moderado" es para usted, ahora mismo, inalcanzable. Por algo ha llegado usted hasta este párrafo. Debe recorrer un largo proceso para llegar a él. Sin embargo, ni el camino es tan largo como parece, ni estará vacío. No transcurrirá por los Monegros en pleno verano. El ejercicio SIEMPRE tiene efectos beneficiosos y palpables.

En muy poco tiempo, en su segunda o tercera sesión de ejercicio, usted ya pasará de esa fase de ahogo y agotamiento a la de satisfacción, la de las endorfinas. O a la del bocata chorizo, que tampoco está mal.

Puede que la primera vez que usted haga ejercicio se sienta bien y piense que puede repetirlo fácilmente. Pero luego, cuando usted vaya a levantar la taza de café, tendrá que dejar la taza en la mesa y agarrar una pajita (con ambas manos) para poder bebérselo. Le aconsejo que lo intente en sábado para poder recuperarse durante el fin de semana, porque se sentirá como el espárring de Hulk. Para ducharse tendrá que llamar a los bomberos. Si usted llama en ese estado al trabajo para decir que no puede ir, le buscarán un sustituto y mandarán un ramo de flores a su familia.

Sin embargo, a partir de la segunda vez la cosa ya no será tan desmoralizante. Y a la tercera o a lo sumo a la cuarta, usted habrá superado ya el primer y más difícil peldaño, el del colapso tembloroso. Ya podrá tomarse el café sin quemarse las cejas ni mancharse la bragueta, y podrá irse a trabajar sin más problema que su propio empleo.

Lo más difícil es tomar la decisión. Y no por lo que usted piensa. El primer día es fácil tomarla. El segundo, es imposible. El tercero es jodido. El cuarto se hace y punto. El quinto se pasa de todo. El sexto, el remordimiento... Es una puñetera montaña rusa. Y si llueve o hace frío, o calor, ni te cuento.

Así que la decisión no es un día. Es cada día. Y al fin y al cabo, ¿por qué voy a priorizar algo que disgusta y cuesta? Siempre hay algo mejor que hacer...

Pues la respuesta ya la conoce usted. Y no se me ocurre nada para dorarle la píldora. Pero es cierto: llega un momento en que la montaña rusa se aplana. Llega un día que te levantas de la cama y dices, ¡venga, a correr!

Llegar a ese día es maravilloso. Es el segundo peldaño. Y perder ese hábito es peligrosamente fácil. Lo mejor para llegar a ese punto es no pasarse con el ejercicio. Al revés, bajar el ritmo. Si forzamos... le cogeremos odio al ejercicio antes de alcanzarlo.

La progresión

Lo que me dijo Maraton Man (aparte de que aborrece encontrarse tíos desnudos entre los matorrales de la ruta Sitges - Vilanova) es que empezar a correr debe hacerse intercalando el correr con el andar.

Al día siguiente estaba buscando en Internet una web que me diera pautas, y la encontré en un minuto. Hay mucha gente manteniendo sus blogs desde su ordenador de la oficina...

Y en ese blog decía que había que combinar más o menos así (en negrita los minutos correspondientes al running, en redonda los minutos a caminar): 8-**3**-5-**2**-4-**3**-5. Me pareció alcanzable. Y lo intenté.

Caliento mientras camino hacia el principio del paseo. Hago algunos saltos para calentar los gemelos. Luego doy unos pasos raros agachándome para calentar también los cuádriceps femorales, fascia lata, recto del fémur... Sí hombre, to el muslo entero.[3] Voy haciendo todo eso, a menos que alguien me mire. Si pasa alguien suelo parar mis ejercicios y sigo caminando normalmente. Si es alguno de mis vecinos, en cambio, me agacho más, grito algo en hebreo, y me río a carcajadas mientras les miro fijamente con los ojos muy abiertos y me sobo los huevos por dentro del pantalón. Estoy seguro de que eso refuerza nuestros lazos de amistad.

De vez en cuando muevo los brazos en rueda y roto la cabeza. ¿Cómo que para qué? Pues... para nada, no sé... tipo Rambo. Unos saltitos... Final-

---

3 Sí, usted también tiene todo eso dentro de los muslos.

mente llego al principio. Hala, estiramientos. Todo lo que antes calenté lo estiro ahora. Dos veces. Ya estoy sudando (aunque sea temprano... es pleno verano).

LA PREPARACIÓN

Hago un inciso aquí, muy importante. Tal como estoy improvisando este librillo no sé dónde ubicar este texto, así que lo hago aquí. Tanto en esta fase de empezar a correr como cuando uno ya corra todos los días, es horrible despertarse, salir a la calle y ponerse a correr. Aparte de que no debe hacerse, uno está medio dormido y cuesta mucho enfrentarse a ese rato de esfuerzo.

Pues bien, tomarse diez minutos para preparar el cuerpo y la mente ayuda muchísimo.

Como acabo de contar, yo suelo caminar un ratito para calentar las articulaciones y músculos, y luego hago estiramientos. Ese ratito resulta ser una forma estupenda de despertarse y prepararse para la actividad. Francamente, sin esos diez o quince minutos de precalentamiento y estiramientos me sería muy muy difícil darle al botón del cronómetro.

Un consejo: no estire en exceso. He comprobado (por desgracia) que si uno estira demasiado, luego aparecen molestias durante la sesión. A veces impide llevarla a cabo. Habrá tiempo de estirar bien, al final.

Y empiezo a caminar. Rápido. Eso se me da bien. Y llega el minuto ocho. Venga, empiezo. Sólo tengo que aguantar tres minutos. Los primeros pasos bien, pero los gemelos empiezan a molestar.

Minuto uno: la respiración se acelera y los gemelos queman. El cerebro intenta acompasar la respiración a las pisadas. Es culpa del músico (inútil) que llevo dentro. Nunca se me dio bien el ritmo, y no sé llevar dos tiempos distintos a la vez. Eso hace que me empiece a desesperar y cambie de ritmo respiratorio cada tres pasos. Y eso cansa.

Minuto dos: pienso que por lo menos llevo seis o siete minutos... ¡coño, sólo dos! El flato sube y baja por el vientre, he eructado un par de veces y me falta el aire.

Ánimo, adelante. Noto la presión en la cabeza y estoy sudando ya. Menos mal que llega el final, tres minutos. Justo antes de desmayarme.

¡Ohhhhhhhhhhhhh! ¡Relax! Caminar me devuelve la vida. "BOTELLA DE OXÍGENO!!" deja de ser lo único en que pienso. Al cabo de unos pasos el cuerpo se desestresa. No sé si podré volver a empezar. Disfrutemos por el momento de esta sensación... llamémosle "placer del bobo". Es el tipo de placer que uno siente sólo tras hacerse daño de forma voluntaria. No puede sentirse de ninguna otra forma.

Voy controlando los minutos, se acerca de nuevo la tortura. Horror. Pero me resigno. Es el primer día, coi, tengo que aguantar. Por Tutatis.

Llega la segunda tanda. Y para mi sorpresa, no resulta tan heavy. En la anterior, la sensación de agotamiento muscular, ahogamiento y demás ha llegado casi al empezar. En cambio parece... que esta vez no va igual, no acaba de abordarme tan fuertemente.

Aguanto la segunda tanda mejor que la primera. La tercera va más o menos como la segunda. Parece que el cuerpo necesitaba una especie de calentamiento, que no ha ocurrido, –como yo creía– al caminar deprisa. Ha sido la primera tanda corriendo lo que me ha puesto "en modo ejercicio".

Acabo mis ocho minutos de running y estiro de nuevo. Estoy sudado y reventado, ¿será posible?

Bajando el ritmo

Primero tengo que decir que lo de ir reduciendo los minutos de caminar y alargando los de correr funciona. Funciona bien. Mejor de lo que inicialmente podía prever. Porque yo pensé que sería horroroso alargarlos, y que en poco tiempo los minutos caminando no darían de sí para recuperarme. Pero no fue así, y de hecho cada día puede reducirse la parte caminada. No hay truco. Mejor dicho: como en la mejor magia, el truco es algo que luego resulta tan evidente que uno no sabe cómo no había caído. Y como en la mejor magia, no lo pienso explicar.

Es bromaaaa. Lo que ocurre en realidad es que a medida que se controla la respiración y los músculos se van adaptando al ejercicio, uno es perfectamente capaz de aguantar mucho más rato corriendo. A su ritmo, eso sí.

A ver si lo digo mejor: usted tiene la capacidad de correr veinte o treinta minutos seguidos, al ritmo adecuado, y está sólo oculta por una finísima pero pegajosa capa de convencimiento negativo. Esa capa es la que habremos retirado para siempre al acabar de leer estas páginas.

Eso es lo que ocurre: nuestras capacidades físicas pueden ser mejores que nuestra educación física. Si es así, usted avanzará rápidamente en alcanzar los treinta minutos seguidos. Si eso no es así, quizá su tercer peldaño consista en correr quince, pero será igual de importante.

Todo ocurre en varias fases. Durante la sesión, no es lo mismo la primera tanda de running que la segunda o la tercera. Los dos o tres primeros minutos son un martirio. Casi te impiden seguir, y tiendes a pensar que ese día te pasa algo malo y que deberías parar. De hecho, nos esforzamos inconscientemente en darle una prórroga a nuestra vagancia. La lógica te dice que no puede ser que no puedas correr cinco minutos, y por eso lo superas, pero cada día ese comienzo es como para parar, irse al bar, pedir un bocata caliente de lomo con queso y una jarra de cerveza, y decirse "que le den, algún día tengo que morirme ¿no?".

Pasados esos dos o tres minutos usted notará que de cintura para abajo su cuerpo se ha vuelto un autómata que ya no se resiste, que se ha puesto a trabajar de forma monótona pero autónoma, y ya no debe ocuparse de ello. Supongo que ese periodo de tiempo dependerá de la edad, el peso y la forma física de cada cual.

En cambio, de cintura para arriba la cosa es bastante distinta. A los que no corremos, cuando lo hacemos nos falta el aire. No tarda mucho en pasar. A los cinco minutos como mucho. Y eso que no estamos corriendo más que un caniche cojo. Y anciano.

Y ciego.

Pues bueno, en mi caso descubrí que se puede correr más despacio.[4] Y fue todo un descubrimiento. Me estaba acelerando como un neonazi en la segunda legislatura del PP. Sin darme cuenta. Quizá para acomodar el ritmo de mis pasos al de mi apresurada respiración. Y empecé a obligar-

---

4 Hasta que los dos pies lleguen a estar en el suelo al mismo tiempo, puede considerar que todavía está usted está corriendo. Siempre y cuando no esté usted apoyado en una farola.

me a bajar el ritmo. Una y otra vez. No piense que iba rápido inicialmente. Iba lento. Pero entre esa lentitud y el ritmo de caminar hay margen, créame. Y el cuerpo sabe apreciar una disminución del ritmo desde, digamos, ciento cincuenta pasos por minuto a ciento veinte. La respiración deja de ser desesperada. Y eso es suficiente para seguir, porque ya en ese punto las piernas hace rato que van solas.

Sin embargo, hay que educar esa autonomía. Porque, sin querer, vuelven a acelerarse. Cuesta bastante bajar y controlar abajo el ritmo. Hay que esforzarse varias veces antes de conseguirlo. Diría que yo tardé cuatro o cinco sesiones de running en mantener finalmente un ritmo regular de los pasos, a casi el mínimo. Y sin eso es complicadísimo no ahogarse. En cambio, si uno es consciente y puede irse frenando, conseguirá lo más importante: alargar los minutos corriendo.

La forma de pisar

Correr es como escribir. Casi todo el mundo piensa que sabe hacerlo. Mucha gente piensa que correr es básicamente como escapar de algo, y que basta con:

1. no poner ambos pies detrás al mismo tiempo;

2. que uno de los dos pies esté en el suelo.

Pues no.

Hay que hacer un pequeño esfuerzo para no cometer errores, si queremos que nuestro ejercicio sea provechoso y satisfactorio.

¿Cómo explicarlo aquí, con palabras? Echaré mano de un símil que usted pueda entender: la rueda. Sé que puede entender símiles más complejos, como el de un botijo, pero el de la rueda servirá.

Sus pies forman parte de una rueda, y su cuerpo va montado en dicha rueda, y avanza sin saltos, como la cabeza de un gato al caminar. Cada vez que avance un pie, procure que el talón sea lo primero que pise el suelo. No hace falta que sea en un ángulo de treinta grados. Si usted no pisa primero con la punta, o plano, es suficiente.

Evite ir dando saltos, como si esa rueda imaginaria fuera la de una bici arrollada por un autobús. Eso cansa, y mucho, y perjudica todo el proceso. Cuanto menos salte y más suave sea su paso, menos se cansará y menos sufrirán sus músculos y articulaciones.

Busque un paso corto. En las subidas, más corto. Recuerde que no se trata de llegar más lejos o demostrarse algo, sino de aguantar treinta minutos corriendo.

Hay otro factor importante con respecto a la pisada. La forma de sus plantas (de sus pies) podría estar causando que usted pise mal cuando se ejercita. Cuando uno pisa durante la carrera, el pie no siempre permanece plano con respecto al suelo. Dependiendo de la forma de su planta del pie (o de otras características físicas), el pie puede inclinarse hacia el lado interno del tobillo o hacia el lado externo.

En las tiendas especializadas en running tienen una cinta donde te hacen correr, y te filman desde atrás. Luego te muestran en cámara lenta la pisada. Sorprende bastante descubrirse a uno mismo un defecto que sólo se ve a cámara lenta y que sólo ocurre al correr.

Las zapatillas

Lo he dicho por algún sitio del libro. Usted no necesita zapatillas especiales para empezar a correr. Por un lado, no debe retrasar su iniciación por no tener unas súper zapatillas. Por otro lado, si usted no está seguro de haber adquirido el hábito, puede que llegue a lamentar haber invertido alrededor del centenar de euros en algo que no va a usar. Cuando usted esté seguro de que ya no parará, ése es el momento de ir a la tienda.

Yo lo hice. Me dije "bueno, llevo varios meses, y son rebajas, voy pa-llá". Me hicieron un análisis de la pisada y me llevé unas zapatillas tan caras como excelentes a casa. Al día siguiente me levanté, me las calcé y salí a correr.

Y me cansé igual.

Eso sí, el estado de mis articulaciones tras la sesión es mucho mejor que antes. Proporcionan una buena amortiguación y una pisada mejor, y eso hace que las piernas aguanten mejor y no sea preciso a veces descansar un día para poder correr de nuevo.

Así que si usted tiene cien o ciento cincuenta euros que le sobren, o ya está seguro de que va a calzárselas a menudo, adelante. Sus rodillas lo agradecerán.

La respiración

Hace muchos años, pero muchos, un tío mío me llevó a correr varias veces, y recuerdo, o creo recordar, que una de las cosas que me enseñó al correr fue que la respiración fuese acompasada a los pasos. De todos modos da igual si me lo enseñó él o no, porque sea como fuere, al menos en mi caso, la respiración siempre quiere acomodarse al ritmo de las piernas. Y creo que, o bien es algo natural, o bien es algo natural en mí. En realidad lo menciono porque creo que le pasa a todo el mundo.

En estos días "de reto" descubrí que eso me hacía daño. Seguramente es por mi falta de resistencia. Si a usted le pasa lo mismo le aseguro que dejará el running sólo por eso.

Te ahogas. Cambiar de ritmo respiratorio para acomodarlo al de las piernas es un trabajo descorazonador, pero lo peor es que el cuerpo no acaba de encontrar su acomodo. Si tu respiración es demasiado rápida para el consumo energético, te cansas de forzarla, y vuelves al ritmo inmediatamente inferior, en el que te ahogas.

En cuanto aprendí a desligar el ritmo de zancadas y diafragma todo fue mucho mejor.

Para conseguirlo puede usted, como yo, imaginar cosas que representen su respiración, como el fuelle apolillado del viejo órgano de una ermita sepultada por las bombas; un ciclista de ochenta años subiendo al Everest; o simplemente un cadáver.

En mi caso, me quedé con la imagen de una mancha de bicicleta, y decidí que estaba inflando una lancha con un agujero, en medio del mar. Tenía que ir a un ritmo constante para satisfacer la necesidad de aire, para mantenerme a flote.

Y así, con esa imagen, conseguí olvidarme de mis piernas, que mi respiración fuera independiente, y se acomodara solamente a la necesidad de aire.

Usted tiene que lograr lo mismo. Es un paso grandísimo hacia un mayor aguante. Con las piernas habiendo superado la fase de ardor y esfuerzo y la respiración estabilizada, usted ya sólo dependerá de su creciente salud para llegar a los treinta minutos.

Otra consideración sumamente importante es que hay que inspirar por la nariz. Existen razones muy buenas para ello. Prometo explicárselas en cuanto averigüe cuales son. Mientras tanto, respire usted por la boca si lo necesita.

El tercer peldaño

No le miento, de verdad, al decir que desde el día que encontré esa web hasta el día que corrí treinta minutos no pasaron más de diez sesiones de running. Y lo digo sabiendo que fueron menos, pero no recuerdo cuántas menos. No recuerdo lo que acabo de desayunar, en realidad.

Cierto es que antes de cruzarme con Maraton Man había estado caminando por la arena, subiendo montañas y haciendo bici, pero con un agotamiento, se lo puedo asegurar, muy inferior al de mi primer día de running, cuando sólo corrí ocho minutos.

Me dijo Maraton Man que caminar en realidad cansa más que correr, porque el noventa por ciento del tiempo que corres estás en el aire. Bueno, he visto muchos documentales de guepardos. Apenas tocan el suelo. Y cuando cazan su gacela parecen bastante cansados. De todos modos los documentales son innecesarios: si correr cansara menos que caminar, nuestras calles parecerían la maratón de New York, los ancianos darían las zancadas mas largas, adelantándonos a todos, y veríamos los parques, malecones y avenidas llenos de esforzados caminantes todos los fines de semana.

A pesar de que dije que no mirara la báscula, yo lo hago todos los días cuando acabo de correr. Y mientras que una caminata de dos horas por la montaña a buen ritmo me quita unos quinientos gramos, sólo treinta minutos de running logran lo mismo. Más comparaciones. Una caminata de una hora por la playa, más quince minutos subiendo y bajando escaleras: trescientos gramos. Una hora de bici con un desnivel de ciento cincuenta metros, que me deja agotado al llegar arriba del todo, trescientos gramos. Una hora sentado en un buen restaurante: menos seiscientos gramos.

Por tanto, está claro que el running consume más grasa corporal que caminar o hacer bici. Y posiblemente menos que nadar.[1] Si nuestro ayuntamiento revienta de una vez (con los políticos dentro a ser posible) y los equipamientos sociales vuelven a tener un precio aceptable lo probaré y se lo diré. Mientras tanto quizá aproveche que (todavía) no cobran por nadar en la playa.

---

1 Algunos dirán que el muestreo que he realizado no es representativo, pero no es cierto. Si bien he tomado los datos de sólo tres días de ejercicios, de una única báscula y una sola persona, me pesé seiscientas veces y descarté todos los valores "demasiado altos".

En fin, volviendo a lo anterior, yo creo que cualquiera que pueda andar rápido durante un par de horas, en siete u ocho sesiones será capaz de correr quince minutos seguidos. Y de ahí a los treinta no hay nada.[2] El día que usted llegue a los quince minutos sin estar ahogado, porque ha conseguido controlar la respiración y el ritmo de la zancada, usted será capaz de aguantar cinco o diez minutos más. A menos que los músculos de sus piernas, la salud de sus articulaciones o una manifestación contra los recortes del PP se lo impida.

Sin embargo, como he dicho antes, no importa si su tercer peldaño es de treinta o de veinte minutos. Lo importante es que habrá superado un montón de barreras psicológicas y conseguirá algo que consideraba imposible. Correr treinta minutos diarios es un ejercicio que cualquier médico considerará adecuado como parte de una vida sana, lo cual nos deja la comida como el otro factor a controlar, solamente. Y a él sin argumentos para explicar su obesidad.

---

2 Quince minutos (de quince a veinticinco en realidad) es el tiempo real que se ausenta usted cuando dice en la oficina "salgo cinco minutos a fumar".

Correr treinta minutos diarios significa haber creado el hábito del ejercicio, porque no se consigue eso sin lo otro. Correr treinta minutos diarios, sin embargo, es algo que muchos de nosotros consideramos fuera de nuestras posibilidades, y no por poco. Nos parece absolutamente imposible porque cuando lo intentamos, a los tres minutos nos asaltan la asfixia, el dolor muscular y el agotamiento, y eso nos da una imagen falsa de lo que somos capaces de hacer.

Lesiones

Si usted es un vago redomado es porque lleva mucho tiempo practicando. Pero pese a su dilatada relación con el sofá puede que conserve usted alguna lesión de juventud, o que haya resbalado recientemente en la barra del bar. Si usted sufre de alguna lesión articular o muscular, lo sabrá rápidamente.

No hay razón para dejar el running por un dolor, a menos que dicho dolor vaya a más. De hecho, hay dolores por los que usted debería esforzarse en correr mucho más, como el causado por una bala recién disparada.

Durante los dos primeros meses, yo todos los días notaba cómo la rótula izquierda tenía un dolor y una tensión extraños al empezar al running, y al rato el gemelo derecho se me quejaba también. Pero seguí el método Estivill: simplemente decidí que la rodilla estaba llamando mi atención por puro afán de protagonismo. Si no le hacía caso, con el tiempo la rodilla se resignaría, desarrollando múltiples inseguridades que derivarán en complejos ocultos e incurables, pero imputables a cientos de otras razones tan poco demostrables que mi propia irresponsabilidad quedaría justificada por las publicaciones y programas televisivos del famoso galeno, llamados "tendencia". Lo importante era desentenderme de la rodilla sin que mis vecinos llamaran a la policía, y echarme en el sofá a ver la tele, que es lo único que me interesaba.

Bueno, pues la rodilla no dejaba de quejarse, y temí que reventara cuando un día, al principio, pude correr cincuenta minutos (y lo hice). Estuve luego tres días con antiinflamatorios sin salir a correr. Me lesioné la rodilla y el gemelo. Aprendí que pasarme sólo me perjudicaría, y desde entonces me mantuve en mis treinta minutos, aunque me sienta capaz de hacer más.

Hago treinta minutos diarios de running entre cinco y seis días a la semana, y ahora llevo cuatro meses y todavía no lo he dejado (y no lo haré mientras piense que este librillo puede aportar algo a mi cuenta bancaria). Durante este tiempo el dolor ha ido remitiendo. Está claro que lo mejor es prestar atención a los dolores y ser una persona responsable con nuestras acciones. No hay que tener rodillas sólo porque se nos pase el arroz, o las rodillas pagarán las consecuencias.

Si sospecha que tiene una lesión, manténgase por debajo de su nivel de riesgo, hasta que el dolor vaya desapareciendo. Tarda bastante, así que... paciencia. Lo importante es que no vaya a más.

El ritmo cardíaco

Antes de escribir este párrafo estuve documentándome largamente, y como no entendí nada, concluí que no debe de ser importante. Así pensamos los jefes. Por esa razón establecemos los timings de los proyectos sin atender las quejas y advertencias de nuestros empleados. Al fin y al cabo, se trata de la técnica que utilizaba Steve Jobs a cada momento, ¡y Apple creó el iPad!

En fin, lo que quería decirle es que no hay una forma efectiva de usar su frecuencia cardíaca para saber si va a darle un infarto. Y viendo lo que pasa a algunos jugadores de fútbol, yo diría que ni siquiera un médico va a servirle de mucho. No es que no recomiende una supervisión. Dado que algunas personas necesitan carteles en el suelo mojado de un centro comercial para no matarse (y que usted podría ser una de ellas), recomiendo que se someta al criterio de un facultativo para saber si puede usted tener su sesión diaria de running.

No obstante, la forma en que está usted empezando a hacer ejercicio es muy progresiva, y si usted no ignora las señales que le manda su cuerpo, detectará sin dificultad los problemas serios que pueda tener. Un ligero ahogo es normal en las primeras fases del aprendizaje del running, pero usted debería aflojar si nota que:

1. le aparece un dolor en un sitio que nada tiene que ver con los músculos que ejercita, especialmente si se trata de un dolor agudo, por ejemplo en el brazo;

2. el ahogo va a más, y reconoce la llamada de sus difuntos seres queridos.

Si usted es de la clase de persona que no para ante estas señales, ¿por qué la opinión de un matasanos iba a ser relevante, verdad?

La comida

Mantener la comida bajo control es bastante más fácil que adquirir el hábito del ejercicio. Es más fácil comer adecuadamente que salir a correr cada día, si se toman algunas precauciones. Pero también aquí nos dan gato por liebre, y nos meten en dietas tan efectivas como engrasar al gato.[3] Todas las dietas que he leído, todas las que he hecho, menos la Montignac, son la mejor manera de engordar. No durante la dieta, está claro. Inmediatamente después, y en la décima parte del tiempo invertido en la dieta, se supera el peso perdido.

Claro, dirán, tenía usted que haber mantenido los buenos hábitos alimentarios y hacer ejercicio. Bueno, ¡hay que joderse! Si tengo buenos hábitos alimentarios y hago ejercicio, ¿para qué cojones hice la dieta? Además, da la sensación (y realmente es así) que uno lo único que ha hecho es comprimir con fuerza una esponja en medio de un naufragio. "Claro, no debería usted haberse acercado al agua" sería la previsible respuesta.

Ignoro por qué la dieta Montignac dejó de funcionarme la segunda vez, ojalá tuviera una respuesta. Lo que sí tengo que decir es que es la única diseñada desde la óptica culinaria, y que ofrece alguna explicación racional al inexplicable (o muy deficientemente explicado) engorde por la edad.

---

3 Engrasar al gato no es la mejor forma de atenuar sus maullidos de madrugada, pero probablemente tampoco será peor que otra cualquiera que usted escoja, así que adelante, déle su merecido.

Según el difunto chef (risitas de nuevo ¿eh?), supuestamente el organismo empieza a perder eficiencia en la segregación de insulina, echando el páncreas torrentes incontrolados de esta sustancia en cuanto detecta un cierto nivel de azúcar en la sangre. Eso lleva a los depósitos de grasa, de forma inmediata, todo el alimento que "sobra".

La verdad es que si se sustituyen las harinas refinadas por integrales, el azúcar por fructosa y se eliminan ciertos alimentos de la dieta (no muchos), se consigue una disminución de peso sin introducir cambios radicales en nuestra alimentación. Si además se separan carbohidratos de grasas y proteínas, se adelgaza sin hacer ejercicio. Por lo menos eso me pasó la primera vez. Me quité ocho quilos en días.[4] Y comí muy bien.[5]

De nuevo: no sé por qué ya no funcionó más, pero sí sé que la primera funcionó, y de qué forma. Es fundamental no juntar en un mismo ágape grasas saturadas (carnes, mantequilla, quesos...) con carbohidratos (patatas, arroz, pan...). Y menos si son refinados. Si son refinados, ni solos.

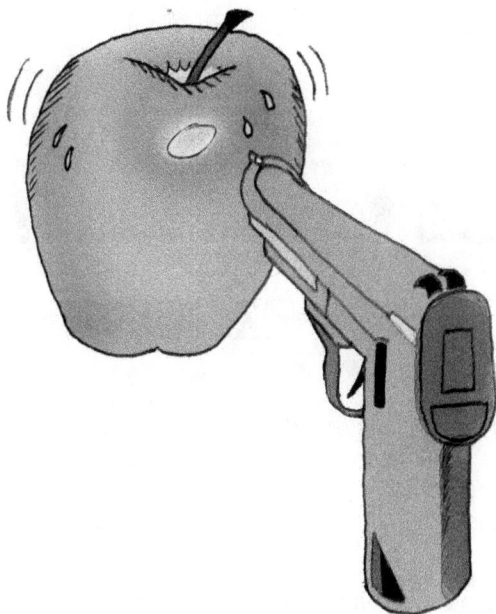

4 Fueron unas cuantas semanas, pero las semanas tienen días. Técnicamente, se trata de una información verídica.

5 Por calibrar lo de "comer bien", sería algo situado entre los pinchos del *Berton* en Bilbao, el solomillo del *Maroto* en Soria y el arròs a la cassola en *La Botiga* de Vilanova i la Geltrú.

Esto nos deja vía libre para poder seguir comiendo a nuestras anchas, aunque la lógica dice que es mejor no meterse una paella para dos y dos postres sin que otra persona nos ayude. Los dulces desaparecen, porque todos llevan azúcar. Sólo eso ya ayuda bastante. Pero por lo demás, uno puede desayunarse una tortilla de dos huevos con queso rallado, más unas sardinas en escabeche. Al cabo de tres horas, uno puede meterse entre pecho y espalda un gazpacho seguido de un buen plato de espague-ti (integrales) al ajillo. Por la noche uno puede comerse una ensalada y un chuletón con pimientos del piquillo, y un vasito de vino. Parece increíble que este tipo de "dieta" funcione. Pero funciona. Por lo menos una vez. Si lo hace y le funciona, procure no dejarla más... por si acaso.

No hablaré más de la dieta Montignac, que cada cual la busque y la haga suya. Lo que sí diré es que es importante racionalizar nuestras comidas sin convertirlas en islotes a los que llegamos ahogados y des-esperados, y en los que sólo encontramos bazofia para comer. Como las jodidas manzanas de las once y las cinco.

La teoría lutuh del azúcar

Dicen que los azúcares nos reportan sensación de bienestar, pero que al elevar el nivel de insulina en sangre (lo que provoca que el nivel de azúcar caiga en poco tiempo por debajo de lo normal) tenemos de nuevo hambre y repetimos el ciclo, comiendo en exceso. Y ésa es la causa de nuestra obesidad.

Pues bien, lo primero es verdad pero lo segundo es un engaño y una burla. Es una teoría mediocre, totalmente insuficiente para explicar la obe-sidad en muchos casos. Según esta teoría, las personas obesas comen más y más a menudo por causa de ese mecanismo diabólico. Y eso no sólo es mentira en mi caso, cuando pesaba yo noventa quilos, sino que no conozco mucha gente adulta y obesa que se pase el día "matando el gusanillo". Bien al contrario, la gente obesa suele controlar mucho sus comidas, pasan hambre entre ellas, y hacen comidas como las de "los delgados", aunque éstas no sean del todo sanas y adecuadas. Sin embargo, es fácil y divertido burlarse de un gordo, de modo que ese tipo de teorías cogen más impulso que el *Voyager II* al pasar por Saturno. Gracias a ese impulso, la teoría se vuelve ciencia por sí sola, convirtiéndose en una explicación *lutuh*.[6]

España es un país pródigo en explicaciones, teorías y frases *lutuh*. Por ejemplo, cuando los gobiernos del PSOE y del PP dijeron "crisis" usaron una expresión mentirosa, porque saben que la crisis es en realidad una estafa al ciudadano organizada o permitida por ellos, que han creado y/o permitido burbujas de todo tipo, además de la inmobiliaria, para que sus jefes, los banqueros, se enriquecieran más que nunca, y de paso para situarse y situar convenientemente a los suyos entre clientes y proveedores. La mayoría de economistas y periodistas han dicho "crisis" también, al no ser capaces de usar una expresión menos mediocre y lamentable, incluso hasta después de que la palabra "estafa" corriera libre por las calles.

De todas formas, como sociedad no podría estar pasándonos otra cosa. Los delincuentes e ineptos que nos gobiernan y administran nuestra capacidad productiva convertida en dinero no vienen de otro planeta, ni siquiera de otro país, y la mayoría de ellos ni siquiera de otra ciudad. Son los vecinos de nuestra escalera los que diseñan un plan urbanístico municipal destinado a llenar sus bolsillos. Son nuestros conciudadanos los que votan a un presidente autonómico claramente corrupto y sinvergüenza para quien nuestro destino va ligado al de su papel higiénico. Son las personas que vemos cada día en la calle las que, llegando al poder, alcanzan su único objetivo, muchas veces gente mediocre y gris que en la vida "real" incluso son incapaces de conseguir una existencia satisfactoria, de relacionarse con sus vecinos amablemente o de tener ninguna consideración con sus semejantes. Y son muchos millones de personas las que votan a estas personas aun sabiendo que son corruptos, malas personas e/o incompetentes.

Podría hacerse un montón de películas simplemente transcribiendo a un guión lo que viene ocurriendo en la Moncloa y en los consejos de ministros. La misma película podría ser clasificada como hilarante, mediante la simple adición de una música graciosa, o como drama, usando música triste o lúgubre. Si no está pasando ya, es porque no hay cojones. Pero... al tiempo.

Pero la proliferación de teorías o expresiones *lutuh* no es algo exclusivo de las administraciones. De la misma forma, la gente escala a los

---

6 **L**ess **U**seful **T**han an **U**mbrella in a **H**urricane

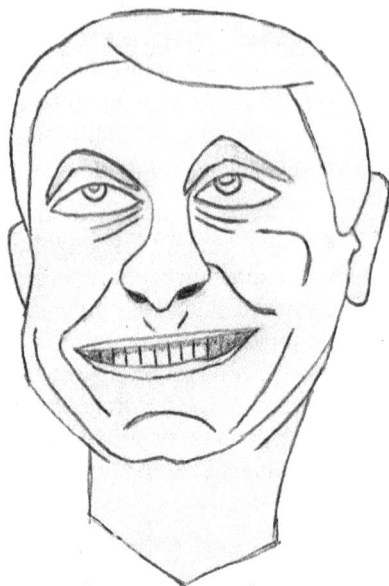

puestos importantes en el sector privado siendo también unos auténticos ceporros o ladrones. Conseguir un título en una carísima escuela (es decir, que tus padres sean ricos) es la primera condición. Ser taimado y astuto para la supervivencia suele ser la otra. Si se carece de ambas condiciones siempre puede ejercerse de hijo del dueño.

Scott Adams lo ilustra a la perfección en su máster de empresariales *El principio de Dilbert*. En la alta dirección de importantes empresas se refugian auténticos expertos en mantener a salvo su culo.

Durante las vacas gordas todo funciona y las grandes empresas ingresan ingentes cantidades de dinero. Y estos personajes hacen y dicen todo tipo de idioteces intrascendentes, mientras las personas válidas hacen lo que pueden para mantener la empresa a flote, más o menos afectados por las estupideces de la alta dirección, que jamás ha dado palo al agua. Pocas empresas acaban cerrando. En las vacas flacas, en cambio, se despide indiscriminadamente a buen numero de trabajadores, entre los que se encuentran muchas de esas personas eficientes, mientras se preserva a la gente de la alta dirección, que toma decisiones más *lutuh* que nunca. Sin el resguardo de los buenos trabajadores, la empresa se hunde rápidamente en la mierda. Esto pasa en tantos casos que usted estaría sorprendido de que el país funcione. Yo también.[7] En los consejos de dirección, las ideas *lutuh* abundan más que los dónuts y las declaraciones de visión estratégica.

Pero las peores explicaciones *lutuh*, las que permiten a los partidos políticos robar, engañar y ganar al mismo tiempo las elecciones, vienen de los medios de (des)información, donde unos pocos periodistas de corazón se ven obligados a malvivir entre montones de tristes mercenarios de la información, obligados a firmar, a cambio de un sueldo patético, cualquier cosa apoyada por la dirección, más pendiente de no ofender al poder político que de informar al ciudadano.

Los partidos políticos saben que somos una panda de tarados, incapaces de cagar dentro de la taza sin ayuda. Y saben que dominar los principales medios de comunicación (muchas veces basta con adular a un par de personas) es lo único que tienen que conseguir para hacer lo que les venga en gana. Ejemplos tenemos todos los días, y pongo dos de signos políticos distintos, sólo para que parezca que soy imparcial:

1. La retransmisión en directo del juicio de los EREs irregulares de la Junta de Andalucía. Era preciso desprestigiar a cualquier gobierno socialista, porque el país está plagado de casos de corrupción del PP, tan enormes y flagrantes que lo más importante es demostrar que todos los partidos son iguales (lo cual no es cierto aunque sólo sea cuantitativamente). Fue absolutamente ridículo ver, en horario de noticias matinales, minutos y minutos de absolutamente nada, de un caso sin chicha. Fue llegar el PP a TVE y volverse ésta absolutamente casposa, con presentadoras de mentes cincuenteras preguntándose si un hígado puede tener alma asesina y cosas así. Se supone, sin embargo, que la señorita Montero tuvo que hablar con conocimiento de causa, pues plantarse ante una cámara y decir algo así sin miedo a perder el trabajo[8] requiere la inteligencia y méritos que una Barbie Presentadora sin duda posee.[9]

---

7 Bueno, ya estamos viendo que no, que no funciona. Y cada vez quedan menos empresas, o se están comiendo sus colchones financieros a toda leche.

8 http://www.vanitatis.com/noticias/2011/marilo-montero-santiago-gonzalez-director-television-20110522-14308.html

9 No ha trascendido qué parte de la famosa muñeca le habría sido trasplantada, ni a qué dolencia fue debido.

2. El anuncio a bombo y platillo de Barcelona World en TV3. Un fracaso político como el de Eurovegas, sustituido por otro proyecto de casinos y juego (y toda la basura que lo acompaña), disfrazado, eso sí, bajo la amable capa de "parque temático". Daba vergüenza ver a los presentadores de TV3 dándole publicidad a semejante aberración como si se tratara de la salvación económica de Catalunya, a nada menos que la resurrección de la misma burbuja que nos ha llevado a todos a la ruina en veinte años. Artur Mas y Miss Ladrillo, esta vez con destino a VIC (Vici i Corrupció). Mientras esquilman sanidad, educación e investigación, reúnen pasta para la construcción, el juego y el vicio, con la manida capa de los puestos de trabajo (esclavo). Eso sí que es "fer país", sí senyor. Y éste es el señor estadista que nos tiene que salvar de los obtusos españoles...

Si analizamos los medios en busca de desinformaciones, informaciones incompletas, no contrastadas, dictadas y/o maliciosas, lo hacemos con verdadera voluntad de análisis, y somos críticos con nuestra propia objetividad, veremos a diario los *lutuh* por todas partes. Muchas veces firmadas por célebres plumas entre las que se encuentran ex políticos tránsfugas, ex ministros de sueldos múltiples, economistas famosos por sus americanas de colores, fachas redomados dentro o fuera del armario, y todo tipo de alimañas indeseables. Ellos (y sus jefes directos e indirectos) saben que la gente escucha lo que quiere oír, no lo que está pasando. Dicho de otro modo: no hace falta ni ser honesto ni decir la verdad.

Realmente, al lado de las trolas tan peligrosas que nos rodean e invaden, la del azúcar es una de las más inocentes.

Rebaje o elimine el azúcar de su dieta, pero no se sienta mal cuando le digan que no pique, si usted no pica. Use fructosa si puede permitírselo. Y aunque la dieta hipocalórica no soluciona el engorde a partir de los cuarenta, piense que al fin y al cabo las calorías también cuentan... cuando son demasiadas.

Tras mantener un modo Montignac durante semanas, usted comprobará que el azúcar es una especie de catalizador/bomba. Se puede usted meter un planto de arroz integral a la cubana y se sentirá sorprendentemente ligero... hasta que se tome el café con azúcar. En ese momento notará cómo de repente la comida le pesa el doble.

Así que el ciclo del azúcar es una teoría lutuh, pero ciertamente el azúcar no es un buen complemento alimenticio a partir de los cuarenta. Probablemente tampoco antes.

Un menú programado

Es sumamente importante sentarse las horas que haga falta hasta conseguir diseñar un menú para una o dos semanas, y que cuide especialmente dos aspectos: el índice glucémico y la aportación calórica. Disponer de un menú le ahorrará el increíble trabajazo de pensar todos los días, constantemente, "qué coño como hoy", lo que, aparte de desesperarle y dar al traste con una correcta alimentación, le evitará pasarse un montón de ratos despistado de sus otros quehaceres.

No debe imponerse usted una disminución drástica de las calorías. Es más que probable que usted descubra que una dieta saludable contiene las mismas calorías que lo que usted ingiere diariamente, o incluso más. Haga dos cosas: en primer lugar empiece haciendo una lista de lo que come usted en una semana. Así averiguará las calorías que consume realmente. Pero, sobre todo, verá mejor la foto de sus hábitos alimentarios.

Con ese informe en la mano, empiece por separar los alimentos y platos que le gustan de forma que las grasas se junten lo menos posible con los carbohidratos. Elimine los platos que combinen ambas cosas y sustitúyalos por otros que sean de su agrado. Si no se le ocurre nada eche mano de libros de recetas o de San Google.

Luego trate de combinarlos de forma que durante la semana haya un equilibrio entre frutas, hortalizas, legumbres, carnes, pescados, lácteos y cereales. No debe ser una dieta desequilibrada, o no demasiado desequilibrada por lo menos. Tampoco sea más papista que el papa. Seguramente lleva usted desequilibrado (su dieta) muchos años, no va a pasar nada porque ahora no incluya cinco piezas de fruta al día. Ni siquiera le pasará nada si incluye una sola. A menos que ya esté comiendo más.

Finalmente, reduzca las cantidades a aquellas que a usted le dejen satisfecho, pero no "lleno".[1] Llenar la panza de cosas que nos gustan, hasta reventar, es súper agradable. Síííí, conozco esa sensación. Echarse en el sofá o irse a la cama con el retrogusto de una buena comida inundando tus sentidos es la leche. Si usted piensa así, indudablemente tendrá que hacer un esfuerzo para encontrar otras motivaciones fuera de

---

1 ¿Cómo va a sentirse satisfecho si no se ha llenado? Bueno, hasta que aprenda la diferencia, coma la mitad que antes. Poco rato después de comer habrá desaparecido la tristeza e insatisfacción, y pronto se habituará a las nuevas cantidades. En apenas tres o cuatro días.

la comida. Y como el sexo variado y gratuito no está a su alcance, tendrá que recurrir a trucos menos excitantes. No, no sé cuáles: yo tengo sexo variado y gratuito a diario.

No, en serio. Yo pude eliminar la cena. Me toca dormir a mis hijos muchas veces, así que decidí quedarme traspuesto tras leerles el cuento, y poco a poco logré mejorar la técnica hasta llegar al día siguiente. Al poco tiempo, no cenar o cenar muy ligero fue sumamente sencillo. Los días que no duermo a mis hijos pongo cualquiera de los treinta y siete canales de televisión de alta calidad que llegan a mi televisor, y me duermo igual de rápido. Al día siguiente peso medio quilo menos.

Lo que la mayoría notará con un menú programado es que come igual o más que antes, pero que sus digestiones mejoran rápidamente, sus diálogos con La Taza son más regulares y elocuentes, recupera energía día a día, y baja de peso.

Si ha de sustituir algunas de las comidas, asegúrese de que cumplan los requisitos del menú, y si no puede... es mejor que no coma. ¡Un poco de hambre no le matará, por amor de Dios!

Hágase el pan

Una cosa que le va a costar encontrar es pan de calidad integral y sin azucares. Pero hacer pan es la cosa más fácil del mundo. Y si usted come pan y si no quiere estar metiendo azúcar a punta pala en su dieta, en forma de harina refinada, esto le va a hacer falta. Sólo necesita un tupper grande. Bastante grande. De unos dos palmos por un palmo, de base, y casi un palmo de alto. Parece mucho, pero le permitirá trabajar con un quilo de harina y hacer tres o cuatro panes de golpe.

1. Meta en el tupper un vaso de agua templada o calentita, más una pastilla de 25 gramos de levadura natural. Deshágala con una cuchara. Cuesta un poco.

2. Cuando esté bien disuelta, añada un quilo de harina integral, y una cucharada sopera, rasa, de sal. Procure que la sal quede bien re-

partida sobre la harina. Le advierto que si usted metiera la sal en el agua podría matar la levadura y no le saldría el pan. Eso me pasó una vez.

3. Remueva bien con una cuchara. Vaya añadiendo agua templada y remueva con la cuchara hasta que la harina tenga la textura aproximada de... plastilina muy amasada. No se me ocurre otra cosa. La masa no debe ser líquida, debe ser pastosa y tener cierta consistencia. Si es demasiado líquida, las burbujas se saldrán de la masa. Si es demasiado dura... bueno no sé, pero no ha de quedar muy seca tampoco.

4. Déjela reposar por lo menos dos o tres horas si es verano. Una noche entera si es invierno. El tupper tapado herméticamente con su tapa todo el rato. Cuando abra el tupper al cabo de unas horas verá que hizo bien en comprar un tupper bien grande.

5. Ahora viene la parte jodidilla. Las recetas dicen que hay que amasar no sé cuántas veces y volverlo a dejar reposar etc. Si usted las ha intentado sabrá que al final le queda una galleta en vez de un pan. NO HAY QUE AMASAR NADA. Es más, si no ejecuta este paso con cierta rapidez y seguridad, su pan no quedará tan esponjoso. Vamos allá: se trata de sacar una porción de masa, ponerla en la encimera llena de harina, darle forma al pan y ponerlo en una bandeja, también enharinada. Y todo esto hay que procurar hacerlo casi sin que el pan lo note. De ahí que la consistencia de la masa inicial no sea demasiado líquida, o no podrá ni manejarlo ahora.[2] Tenga la encimera preparada con bastante harina, y el horno encendido a tope. La bandeja fuera del horno, engrasada y luego cubierta de harina. Saque como pueda (yo uso una espumadera bien dura) una buena porción de masa, como una tercera parte, y vuélquela en la encimera. Échele harina por encima para que no se le peguen los dedos. Déle la forma que quiera, volteándola sobre la harina. Y trate de coger esa masa sin que se le deforme demasiado y ponerla en la bandeja del horno para no tocarla más. Y así con el resto de la masa.[3]

6. Haga unos cortes en el pan, como los de la panadería.

---

2 Tras fermentar, al contener tantas burbujas, la masa ha perdido consistencia y se ha vuelto más blandita.

3 Truqui: pan de molde. Si usted es incapaz de realizar este paso, tras el paso 3 vuelque la masa en el molde, y omita el paso 5. Le quedará un pan estupendo, de molde.

7. Échele harina por encima. Tanto la harina de abajo como la que ponga por encima se tostará o quemará, dejando a salvo el pan. Así que no escatime.

8. Meta la bandeja en el horno a media altura. Que no haya nada por encima. Luego meta un recipiente con agua, debajo. Con poner la cantidad equivalente a un vaso grande o dos medianos es suficiente.

9. Al cuarto de hora, baje la temperatura a medio gas. Espere otros tres cuartos de hora, apague el horno. Puede dejar el pan dentro o sacarlo ya, no importa.

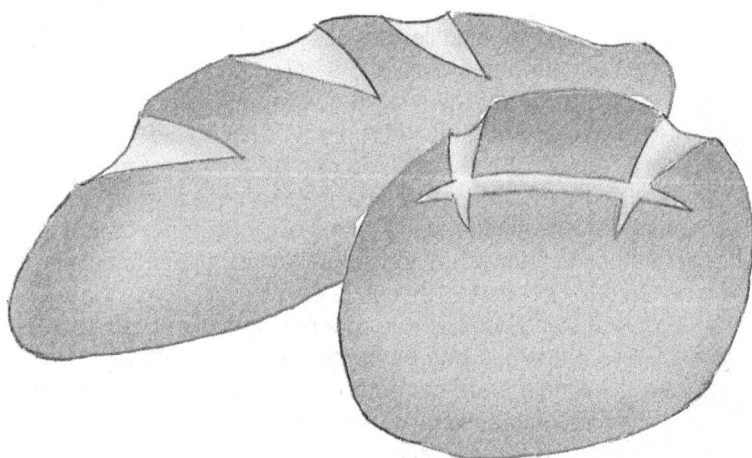

Correr en ayunas

Una cosa yo diría que es imprescindible es correr en ayunas. Ahora tendría que disertar y explicarle muchas cosas, y no tengo ganas de buscar en Internet. Baste saber que cuando te levantas y hasta que te metes algo por la boca, toda la energía que puedes gastar es la que está en los músculos (glucógeno, creo) y en la grasa corporal. Y la de los músculos dura muy poquito. En consecuencia, con el ejercicio enseguida empezamos a quemar grasa. El cuerpo no tiene de dónde sacar la energía, excepto de la grasa. Bueno, y si no hay grasa... también consumiendo el propio músculo, pero eso no es algo que deba preocuparle a usted, puesto que ha llegado hasta esta página.

En cambio, si ingerimos cualquier sustancia que no sea agua, es probable que eso sea lo que estamos consumiendo, dejando intacta la grasa.

A los que están pensando que primera hora de la mañana es la peor hora para hacer ejercicio, les diré que los diez minutos de preparación obligatorios hacen maravillas, y que tengo comprobado que si intento correr al mediodía, por ejemplo antes de comer, sólo rindo la mitad.

Quien quiera quemar grasa... ¡a correr recién levantado!

El glass floor

En inglés hay un término para designar un límite invisible para las metas salariales y profesionales de las mujeres, las razas sometidas y otros colectivos discriminados o desfavorecidos, el glass ceiling.

Pero hasta los altos ejecutivos varones, blancos, norteamericanos y republicanos pueden tener un *glass floor* sobre la báscula.

Ah... las básculas. Ellas no suelen decirlo abiertamente, pero algunas personas solemos caerles gordas. Mientras permiten a otros bajar a su peso ideal y mantenerse en él, limitan nuestro acceso a esas cifras, y lo hacen como un gato jugando con un ratón. Hoy te bajo, mañana te subo. Te bajo 200 + 200... y al tercer día te subo 700.

Las básculas no saben que se la juegan. Por menos de eso algunas de las mías han salido volando por la ventana, han hecho de blanco en la galería de tiro, o han probado el hacha y el microondas.

En fin, cuando tratamos de bajar de peso no hay nada más frustrante que hacerlo todo bien y no conseguirlo. Ya me he metido con los médicos antes en este libro, así que mejor no insisto, no sea que acaben reconociéndome... por la calle.

Es muy duro renunciar a la comida que te gusta, especialmente cuando eres un tripero y sólo le rezas a Baco. Diría que es casi como dejar de fumar. La sensación de hambre se genera en una región remota del cerebelo llamada moco ancestral, que consta de una célula, dos mitocondrias roídas y media hélice de ADN. Es fácil recompensar a esa zona cuando se estresa. No necesita lecturas sesudas, retos intelectuales complejos o placeres difíciles de conseguir. Ingerir tres croissants es suficiente.

Así que renunciar a esos pequeños placeres resulta enormemente complicado, y uno espera un resultado. Todo se basa en ese resultado. Cuando eso falla, nos hundimos un poco más en la frustración y la desesperanza. Y engordamos de nuevo.

El mayor problema de los gordos es que nadie sabe darnos una explicación cuando fallan las dietas, ni siquiera saben darnos una buena dieta. La única forma de que siguiéramos una dieta sería que nuestro dietista tuviera una amplia cultura y afición gastronómica. Además, debería dejar de lado el recuento calórico como medicamento único. Y esto es demasiado para casi cualquier dietista.

Es imposible dar recetas mágicas para bajar de peso. Por eso las dietas basadas en calorías no funcionan bien. Y por eso cuando ya te han matado de hambre y ya no puedes más, vuelves a tu peso y lo superas.

Ahora mismo hace varias semanas que no tomo café. Uno de mis followers (@oscarcavero) me dijo que él por fin estaba empezando a adelgazar, tras diecinueve días sin café. Yo ya había leído en el libro de Montignac que no era bueno tomarlo durante la fase de dieta, pero no lo dice muy radicalmente (como buen francés que era tendía a ser benévolo con el vino, el queso... y el café), de modo que tras varios años lo olvidé. Óscar leyó en alguna parte que un estudio demostraba que el café es malo para adelgazar. De modo que reemprendí el método Montignac, y me di cuenta de que lo único que había estado haciendo mal era tomar café. En estas últimas dos semanas por fin he conseguido romper el *glass floor* en que me había instalado. Y eso que me las he pasado en casa, porque he encadenado una gripe, un resfriado y una infección que me han tenido sin salir a correr.

Bien, en mi caso es el café. Pero en el de otras personas puede ser otra cosa. Estoy seguro de que a unos nos afecta más un alimento que a otros (a mí la choucroute con callos me destroza). Lamentablemente, sólo un análisis genómico o de sangre (especializado) pueden darnos la información que necesitamos, y eso no está (todavía) al alcance de todos.

El glass floor va aumentando con cada año que pasa, a partir de los cuarenta (aproximadamente). La comida que antes nos ponía las pilas ahora empieza a engordarnos. No toda. Desarrollamos intolerancias varias, posiblemente debidas a disfunciones de algunos órganos y al abuso de medicamentos, alimentos y sustancias químicas que se administran a animales y plantas durante toda la cadena de producción. Montignac apunta al páncreas, y creo que de forma muy acertada. Pero posiblemente haya otros órganos funcionando mal, tarde o temprano. Yo pedí un análisis hormonal a mi médico de cabecera. Y cuando vi los resultados me quedé de piedra. Para no aburrir, diré que las cifras consideradas normales para algunas hormonas ocupan más margen que lo que se considera una desviación anormal. Me explico mejor: imagine un campo de golf cuyo único hoyo ocupa el 90% del terreno. Casi todos nosotros seríamos considerados jugadores de golf excelentes ¿verdad? Pues eso, así es un análisis hormonal de la seguridad social. La obesidad no se considera un problema médico, sino de hábitos alimentarios, y cuando se convierte en un problema crónico se echa la culpa al paciente. Es estúpido, pero es así.

El glass floor es flexible como un tablón de madera: se dobla... pero recupera su forma, a menos que se doble durante mucho tiempo y se le aplique calor. Usted puede subirse encima y descenderá, pero cuando

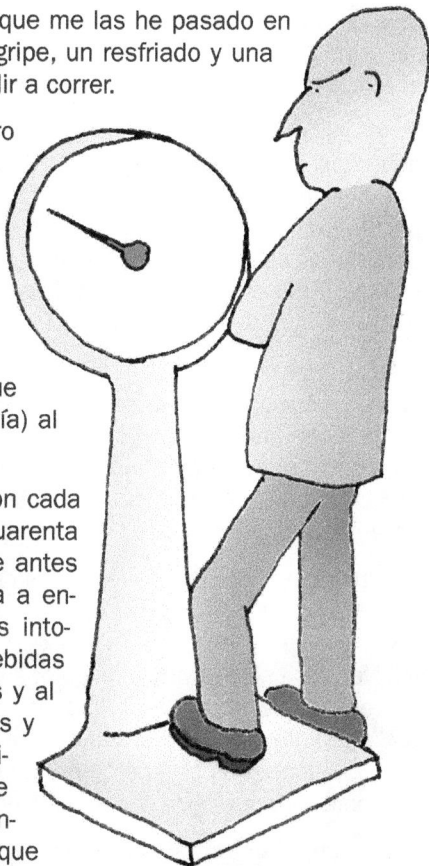

deje de presionar recuperará algo de su forma. Puede incluso comportarse como la VISA. Tú venga a devolver dinero pero casi ni se nota, y a la que te despistas... ¡zasca! Ya vuelves a tenerla llena (de deudas).

Se necesita empeño en presionar con más insistencia que fuerza. No debemos "premiarnos" que hemos bajado 600 gramos con un "extra". Hay que mantenerse ahí abajo hasta que uno llora de auténtica tristeza por un dulce. Sólo ese día debe uno permitírselo. Pero así debe ser la pérdida de peso: un suave descenso por una ladera llena de pequeñas colinas. Sin pasar hambre. Reeducando al cerebro poco a poco.

Perder doscientos o trescientos gramos al día y no permitir al cuerpo recuperarlos es una forma de asegurar la bajada de peso. Y la única forma de ir excavando en nuestro *glass floor* es encontrar un conjunto de comidas de nuestro agrado que cumplan una serie de requisitos muy estrictos. De nuevo remito al lector al método Montignac. No cobro nada de sus herederos. Simplemente es el único método de adelgazamiento apto para personas. Y se puede adaptar a casi cualquier tipo de gastronomía.

Cualquier dieta en la que se pasa hambre es completamente ineficiente a medio plazo. Pasar hambre es un método eficaz para perder peso... y ganarlo de nuevo. Los quilos que se pierden (o ganan) rápidamente vuelven a su sitio también de golpe. Nuestro cuerpo muestra una especie de resistencia al cambio brusco. Si un día comes más de la cuenta, al día siguiente vas más al baño (o más "contundentemente"). Si comes menos, el cuerpo no tiene de dónde sacarlo, pero al mínimo descuido lo recupera. Aunque tarde varios días en tener la oportunidad.

Recuerde esto: romper el *glass floor* requiere paciencia y constancia, pero NO un auténtico sacrificio. Hay que programarse las comidas y tener los ingredientes, hay que cambiar algunos alimentos por otros, hay que alejarse del azúcar (y acercarse a la fructosa)... pero no sólo no hay que pasar hambre, sino que se puede comer muy bien y muy a gusto.

Y seguir estrictamente una dieta como la Montignac no asegura que CADA día usted pese menos a esa hora. Si eso le va a afectar, pésese una vez cada tres días, o una vez a la semana. Eso le asegurará los resultados. Ello se debe a que algunas comidas, que su cuerpo tolera menos que otras, pueden hacerle perder menos peso un día concreto, y algunos factores externos, como no ir regularmente al baño, estar enfermo o haberse tomado un vaso de leche con treinta galletas de madrugada, pueden alterar temporalmente el resultado. Incluso salir a correr puede que en alguna ocasión le reporte un aumento de peso (en forma de músculo, aunque usted no podrá saberlo).

La mejor báscula siempre es la ropa. Los pantalones suelen indicar bastante bien el peso en hombres y mujeres. De forma mayoritaria, en los hombres por la cintura, y en las mujeres por las caderas. Si el pantalón entra mejor, usted ha adelgazado en el sentido que usted quería, aunque la báscula diga lo contrario. Ahora que tenemos móviles con cámara, otra forma eficaz es hacerse varias fotos cada día a la misma hora, desnudo. Recuerde protegerlas o acabará viéndolas, en forma de montajes bastante ingeniosos, en esas webs que usted visita cuando duermen sus hijos.

La ropa

Diría que la mejor ropa y calzado para correr cada día está en Decathlon, pero como no me pagan diré que la mejor ropa y calzado deportivo está en [PONGA AQUÍ SU ANUNCIO].

Detesto ver todos esos coulottes y ropa de colorines en gente adulta. Eso de imitar a nuestros ídolos (mejor dicho, vestirse como ellos) está bien para los críos. Lo respeto, pero me cago en ello. Los políticos hacen esto todos los días así que yo no seré menos. Lo respeto, pero no lo comparto, como mi ron añejo de Viñales.

Adonde quiero ir a parar es que yo uso un bañador, unas bambas de cuarenta euros y una camiseta blanca. Y no me han salido ampollas, ni el rozamiento del viento me ha impedido batir marcas, ni mi atractivo sexual ha disminuido siquiera un poquito. Ponerme un maillot ajustado, zapatillas de doscientos cincuenta euros, gafas de marca y otros adornos no hará que sea jamaicano ni me llame Bolt. Eso sí, me hará casi tan deseable como el Gran Wyoming.

Sin embargo, hay algunas cosillas que debo admitir que son necesarias. Cuando empecé, como pensaba que me iba a durar el running dos días, salía a correr con el bolso de mano hecho trizas que compré hace sólo un año en Sitges.

En algún sitio hay que llevar las llaves, los pañuelos, las gafas y el teléfono. A menos que no piense usted volver a su casa, que eche los mocos en plan ciclista, que sus gafas con limpiaparabrisas incorporados se peguen con velcro a sus orejas, y que sólo use el móvil para llamar por teléfono. Si todo ello se cumple no necesita usted el bolso, necesita un representante bien relacionado en Telecinco. Póngase en contacto inmediatamente conmigo.

Yo uso una mochilita que se ajusta alrededor del cuerpo y no da saltos a cada zancada, pequeña pero suficiente para meter esas cuatro cosas, incluso la cartera, si no temiera pararme en el bar a desayunar.

El otro complemento necesario es un reloj con cronómetro. Es importante para controlar el tiempo. Yo al principio lo hacía con el móvil, pero eso me obligaba a llevarlo en la mano, lo cual es un incordio y presenta el riesgo de estropearlo. Por eso me llevaba el de mi suegra. Con el bolso botando y el móvil en la mano sólo puede correrse en mi pueblo. En un

sitio donde la poli trabaje ya me habrían detenido varias veces. Venden relojes con cronómetro a 10 euros en [PONGA AQUÍ SU OTRO ANUNCIO], pero si lo desea yo puedo venderle un auténtico SUACH suzío a 30 euros. Ha leído bien: auténticos SUASCH suízios a 29,99.

Tras el ejercicio

Camine. Estire. Dúchese. En ese orden. No me hago responsable si usted se ducha por el camino o estira su ducha. A decir verdad, no me hago responsable de nada. Es usted quien debe distinguir lo que me invento de lo que me imagino.

Es importante caminar un poco tras correr durante un buen rato. Relaja los músculos y les da tiempo a prepararse para los estiramientos. Deben transcurrir unos minutos antes del estiramiento y lo mejor es una transición suave. De tres a cinco minutos es suficiente.

Luego viene el estiramiento. Importante aprovechar ahora que los músculos y articulaciones están calientes. No hay que forzar, pero tampoco ser miedica. Hay que estirar todo lo que se ha usado. Para los gemelos es bastante fácil, basta un bordillo y una farola. Para los femorales, vastos etc (lo que hay por encima de la rodilla, parte anterior), puede hacer unas cuclillas, pero si tiene lesiones en las rodillas puede ser perjudicial. Yo subo el pie derecho por detrás (de mí), me lo agarro con la mano izquierda y tiro hacia arriba (del pie). Luego con el otro. Finamente, subo la pierna a algún sitio alto para estirar el glúteo (culo). No dejo nunca de hacer esto, para que no se me ponga demasiado respingón.

Todo ello un par de veces.

Sólo tras repetir un par de veces los estiramientos (¡hay que ver cómo se suda si se hacen bien!) considero acabada la sesión de ejercicio. ¡Lo he conseguido de nuevo!

Y me siento vivo. Hoy en día ya no puedo levantarme y sentarme al ordenador, como hacía antes. Escribo esto y no me lo creo. Hace sólo cuatro meses decía justo lo contrario, que no se podía correr recién levantado, y "aprovechaba" las horas sentándome al ordenador nada más levantarme.

Tras el running me siento activado para todo el día. Ciertamente, empiezo mi jornada más tarde, pero mentiría si dijera que rindo menos.

Otro efecto positivo se deja notar en la forma de andar y en la energía empleada. Ando más erguido, me cuesta menos y los músculos actúan como resortes más firmes y elásticos.

Me gustaría decir que durante el running se me ocurren ingeniosas ideas para escribir libros o mejorar mis negocios, pero eso sólo ocurre muy de vez en cuando. Sin embargo, es un rato en que el cerebro se concentra en unas pocas cosas bastante banales, llevándote lejos de muchos problemas y preocupaciones. Eso, unido al efecto beneficioso de las famosas endorfinas, es un buen descanso para cualquiera, que repercute positivamente en el rendimiento y en el estado de ánimo en general.

La ventana anabólica

Si anda usted por las webs buscando información sobre el ejercicio se topará con este concepto. Básicamente, la ventana anabólica es un periodo de tiempo, tras el ejercicio, en que nuestro organismo absorbe con avidez[1] los alimentos. Pero si se fija usted un poco mejor verá que en todas esas webs quien habla son esos tipos dotados de bíceps como balones de fútbol. El ejercicio es su profesión. Y nosotros no jugamos en esa liga. No es que la ventana esté cerrada para nosotros. A ver si me explico. Es como si ahora estuviéramos hablando de trajes especiales para batir récords de velocidad. Nosotros también tenemos ventana anabólica,[2] como todo aquél que realiza ejercicio, pero lo que ingiera usted durante ese periodo de tiempo no va a darle el resultado que le da a esos profesionales de la cultura física. Así que, básicamente, debe usted desayunar tras el ejercicio, pero no necesita flipar con los batidos de proteínas.

---

1 Se ha comprobado que el cuerpo es capaz de arrebatarle los alimentos a un ficus situado a diez metros, durante la ventana anabólica, si no tiene a mano nada mejor.

2 O cuanto menos una tronera anabólica.

Enfermedades, sueño y otros inconvenientes

Si usted está resfriado o ha dormido poco no le va a ser posible irse a correr. No espere aguantar los mismos minutos de todos los días. Y en caso de resfriado, tenga mucho cuidado con correr en invierno, podría pillar una neumonía. No se haga el machito, aunque sea usted español. Ni siquiera aunque *sería* vasco, joder.

No tengo un remedio para estas situaciones. Procure relajarse antes de dormir, leer un poco o tomarse una tila o una Dormidina, si no puede tener sexo variado y gratuito. El mismo hecho de correr le ayudará a dormir mejor por las noches. En cuanto a las enfermedades, le recomiendo no coger transporte público. Desde que trabajo en casa yo me enfermo mucho menos. Y al precio que han puesto el tren o el autobús, pronto saldrá usted ganando si ofrece a su jefe la mitad del sueldo a cambio de teletrabajar.

Tampoco acuda al hospital a menos que eche de menos un brazo al despertar, o algo de una gravedad similar. Con los recortes del PP puede usted entrar con una bronquitis en la sala de espera y salir ocho horas después con bronquitis, dengue y, si tiene suerte, sífilis.

El pariente o la parienta. Capítulo aparte. Requiere de su bendición para poder ir a correr. La pareja notará rápidamente cómo su ausencia repercute en una mayor carga de trabajo para ella, justo a esas horas, con los críos liándola a base de bien. Así que si usted sufre la menor vacilación en su nuevo hábito ya no podrá ir a correr nunca más. Es mejor salir de casa a la misma hora cada día, y si usted un día está desfallecid@ o se ha roto la tibia, échese el botellín de agua por la cabeza antes de subir a casa, y no vaya a cojear al entrar, bajo ningún concepto. Asegure siempre que ha corrido, jadee ostentosamente si no lo ha hecho. Asegúrese de que sea verídico si no quiere escuchar expresiones como "total, estás yendo para escaquearte", "ya harás el running cuando puedas" o "hoy bien podrías saltártelo y ayudarme a...". La regularidad lo es todo. Para los vagos como usted o yo, dejar de ir tres días seguidos puede suponer caer de nuevo en el pan con sobrasada y el café con leche, coger cuatro quilos en cinco días y volverse a abandonar, lo cual le dejará jodido a usted, y a ella llena de razón.

Apearse del running

Dejar el running cuesta bien poco. Tres o cuatro días sin salir bastan. Bueno, tampoco es que vaya usted a ser incapaz de correr sus treinta minutos al cuarto día, pero en el momento que usted, en su vida "normal", vuelva a notar pesadez en sus extremidades, baja energía, verá cómo le cuesta llegar al minuto treinta, al día siguiente.

Además, una vez llegados al tercer peldaño y mantenido un par de meses, tendemos a pensar que ya no va a pasar nada por abandonar una semanilla ese hábito. ¡JA!

Dependiendo de la edad y la condición física, la curva de la dejadez será más o menos pronunciada. Pero, desgraciadamente, no va a tardar mucho en notar esos síntomas, especialmente si su vida ha sido básicamente sedentaria. Es por ello que voy a darle, en el siguiente punto, algunos motivos para seguir adelante. Ahora bien, debe usted encontrar trucos por su cuenta para mantener la forma y vencer las dificultades diarias anímicas, laborales y climatológicas. Cuanto más tiempo acumule de ejercicio, menor será la curvatura del descenso al Maelstrom de la vagancia.

Motivaciones para levantarse de la cama

Si es usted hombre, voy a darle cinco motivaciones infalibles para levantarse y salir a correr. Úselas cinco días a la semana. Los otros dos puede quedarse en casa.

1. Mire a su lado. Nadie. Tiene usted menos de treinta pero ya está harto del sexo *on the web*. Parece que vaya a seguir así toda la vida. Dentro de poco tiempo va a salirle barriga si no la tiene ya. Más

le vale levantarse y salir a correr. No se lleve la cartera, ya tiene usted demasiado poder adquisitivo como para no pararse en el bar a desayunar.

2. Mire a su lado. Sigue solo, con treinta y ocho y una PlayStation en el salón. Pero por lo menos es usted un "single", no un solterón. El día que deje de hacer running y se engorde será un solterón, además de un friki. Levántese y corra. Luego desayune sus cereales mientras hojea el *Financial Times*.

3. Mire a su lado. Si se queda un minuto más hará el amor con esa mujer. No va a tener tiempo de ir a correr. Es mejor que se levante, salga a correr, compre croissants y vuelva a su hogar justo a tiempo de hacer el amor en la ducha y llegar tarde al trabajo.

4. Mire a su lado. No querrá tener sexo matinal con "eso" ¿no? Ya, ya, probablemente su amada tampoco, pero ¿por qué correr el riesgo? Es mucho menos probable que desee tener sexo con usted cuando vuelva sudado de correr. Así que aproveche que "ello" sigue completamente dormido.

5. Mire a su lado. Saldrá usted corriendo si no se rompe antes la cadera.

Ahora voy a darle unas motivaciones a usted, mujer. Como verá, debido a su superior condición intelectual, las razones son muy diferentes de las que he sugerido a los hombres.

1. Mire a su lado. Nadie. Tiene usted menos de treinta. Sabe lo que siempre quieren los hombres, independientemente del nivel intelectual que posean. O del que posea usted. Puede levantarse y salir a correr, o esperar que seis millones de años de evolución basada en la atracción sexual fracasen pronto gracias a la religión, a la educación para la ciudadanía o el feminismo radical.

2. Mire a su lado. Sigue sola, con treinta y ocho, y setenta y ocho pares de zapatos y bolsos en un ropero más grande que su salón. No encuentra a su pareja y todas sus amigas tienen ya hijos. El día que deje de hacer running y se engorde... Ande, levántese y corra. Luego desayune sus cereales mientras decide si hay algo que REALMENTE le impulse a llevar la vida de sus amigas,[1] aparte de la pertenencia a un grupo social tan extendido. Si es así, quizá no debería esperar tanto de nosotros, los hombres.

3. Mire a su lado. Si se queda un minuto más su hombre le hará el amor. No va a tener tiempo de ir a correr. Es mejor que se levante, salga a correr, se duche con jabón a base de miel, descorra la cortina de forma sexy le pida el peine a su compañero, que le hará el amor en la ducha. Desayune más tarde los croissants que le ha traído él mientras usted corría. Luego él le dejará justo a tiempo en su trabajo.

4. Mire a su lado. Él ya no está. Seguro que ha ido a correr. Total pa lo que sirve... Seguro que cuando vuelva sudado se encuera y le hace alguna gracia obscena o incluso escatológica antes de entrar en la ducha, como estirarse el pene y tirarse un pedo. Aproveche para vestirse y salir usted a correr. Y no vuelva hasta que esté segura de que él ha salido de casa, pero con suficiente antelación a la llegada de su amante.

---

1 La de verdad, no la que le cuentan.

5. Mire a su lado. Nadie. Se oye un gemido lastimero. Su partenaire se ha roto la cadera al saltar de la cama. Si no quiere que le pase lo mismo, salga ya a hacer running y no deje de comer almendras ¡Pero avise primero a la ambulancia!

Otras ventajas
y motivaciones

Si su situación no es ninguna de las que acabo de describir... no importa. Además del anexo 3, tengo algunos datos que le interesarán, acerca del running.

Endorfinas

Se ha demostrado en estudios con ratas[2] que al obligarlas a practicar running[3] segregan niveles sostenidos de endorfinas de aproximadamente 0,65 mg/l/s, muy superiores a los habituales 0,03 mg/l/s de las ratas del sector financiero o político, mucho más sedentarias.

Nota 1. Puede conseguir endorfinas de otras formas, pero no en cualquier momento, o públicamente.

Nota 2. Tomar copas no produce endorfinas, aunque lo parezca. Estoy seguro.

Del todo.

---

2 Jack Parson: *Studies of hobbies in rats & cats,* Edison's publishers, 2002.

3 Especialmente si se les equipa con una gorra puesta con la visera hacia atrás.

Capacidad pulmonar

El volumen de oxígeno inhalado por un corredor cada minuto es aproximadamente de seis veces el de un fumador. Y el de un fumador es la mitad de un niño de seis años. Pero un corredor exhala cada minuto en carrera ocho veces más dióxido de nitrógeno que un ternero, y tres veces menos que una Coca Cola. Así pues, al correr treinta minutos diarios, nuestra capacidad pulmonar se incrementa en un índice de un 2,4% por cada seis meses/quilo/ternero.

Sexualidad

La longitud y grosor del pene, así como el atractivo sexual causado por las feromonas crece proporcionalmente a los quilómetros recorridos, pero sólo a partir de los 6.000.[4] Y siempre que se corran en menos de dos meses. En el sexo femenino, ese efecto se deja notar en glúteos, piernas, cintura y pechos.

Cambiar de escenario

Puede que usted aborrezca con el tiempo el delicado paisaje en el que realiza su ejercicio matinal. Correr es siempre un esfuerzo. Usted lo sabe, yo lo sé y Messi lo sabe. Poco a poco, asociará el paisaje al esfuerzo, aunque no quiera. Si viera cada día ese mismo paisaje mientras cuatro supermodelos le trasladan en una litera mientras se ventila un par de huevos fritos y un vaso de tintorro, sería bastante más difícil que la amabilidad del paisaje desapareciera bajo sucesivas capas de tedio y esfuerzo.

Cambiar de escenario tiene un efecto sorprendente, cuando usted consiga correr treinta minutos. En treinta minutos corriendo se llega lejos, especialmente si usted es alguien que jamás antes lo ha hecho. Cuando usted abandone el escenario habitual tendrá una nueva vara de medir su

---

4 WILLIAM STENBOURG: *"Sex & Feet", Sports and Billing Addresses*, Research of Mentirology Institute, 1987.

esfuerzo, muy gratificante. A menos que haya escogido la ladera de un volcán.

La única excepción a este consejo sería aquella en que su única opción de variación consiste en una autopista o un mercadillo semanal. O un suburbio deshabitado lleno de yonquis.

O el corredor de la muerte.

Gadgets para medirse

La electrónica es al running lo que la angostura al mojito: no es imprescindible, pero lo mejora.

Sensores de frecuencia cardíaca, GPS y acelerómetros ayudan a saber con mayor precisión lo que uno ha hecho. Algunos aparatos llevan todo eso incorporado, y muchas cosas más: altímetro, brújula, termómetro... Todos esos sensores, sumados al software que llevan dentro, hacen de estos "relojes" un compañero ideal que puede ayudarte no sólo a controlar tu entrenamiento sino también a evitar situaciones peligrosas. Para el attrezzo de las mejores escenas de *Misión imposible*, el director sólo tuvo que pasarse por el Decathlon.

Por el precio que tienen algunos de esos artilugios, estoy seguro de que incluso pueden defenderte del ataque de un oso, o volver solos a casa si te los olvidas en una cafetería.

En realidad, nuestros smartphones llevan también una buena colección de sensores (excepto el pulsómetro, todos los demás, creo), de modo que también nuestro teléfono puede hacernos esas funciones. De hecho, gracias a la alta sensibilidad de sus pantallas táctiles hay algunas apps que permiten incluso medir nuestra frecuencia cardíaca poniendo el dedo en la pantalla. Pero lógicamente, no vamos a llevar el teléfono en la mano. Pues bueno, existen dispositivos que envían al teléfono datos de frecuencia cardíaca y pasos, vía inalámbrica. Se colocan en el brazo, en el pecho y en el pie. Afortunadamente, todavía no hay un sensor para medir la temperatura del intestino grueso.

Para los que algún día tuvimos tele en blanco y negro sin mando a distancia, esta tecnología es una pasada. Creo que Neil Armstrong hubiera deseado tenerla cuando fue a la luna. Aunque sólo fuera para ver en su Twitter "Acabo de terminar una carrera de 457.476,12 km a un ritmo de 0,0143' y 0" con Nike+".

Si bien estos aparatejos presentan datos útiles durante el entrenamiento, lo que es realmente espectacular es lo que el software puede hacer con esos datos en el propio smartphone, o en el ordenador de casa. Por lo menos a mí me lo parece. Como el GPS sabe en todo momento dónde estás (si no dispone usted de GPS puede usted pedirle esos datos a su novi@ celos@, o a su madre), puede trazar un mapa del recorrido que usted ha hecho. Pero no sólo en el plano horizontal, sino también en altitud. Y si a eso se le suma que el aparato conoce su frecuencia cardíaca y pasos que ha dado en cada uno de esos puntos, el resultado es un informe detalladísimo de su vida privada durante la sesión. Si su novi@ celos@ le regala el más caro de estos gadgets... desconfíe, y recuerde dejarlo escondido en el lavabo de la biblioteca cada vez que salga de marcha con sus amig@s.

Así pues, usted dispone de una amplia gama de gadgets que incorporar a su sesión de running: desde un sencillo cronómetro de pulsera hasta un sofisticado sistema compuesto por cascos inalámbricos con pulsómetro, acelerómetro de pie, termómetro de pulsera y cámara en el frontal... todo ello conectado vía inalámbrica a su smartphone, que emite toda esa información en directo vía satélite a la clínica Teknon y al centro de alto rendimiento de Sant Cugat.

El software con el que usted puede analizar y visualizar todos esos datos puede proceder del mismo fabricante de los dispositivos, o bien puede software comercial o gratuito, independiente de esas marcas. Garmin, Asics, Nike, Adidas o Polar son sólo algunos ejemplos de fabricantes que han publicado software (y portales web completos, en algunos casos) para aprovechar toda la información de sus propios dispositivos. En el terreno de las apps "genéricas", tenemos muchísimas, aunque parece que una de las más extendidas sería Runkeeper. Runtastic o Sports Tracker también parecen ser muy apreciadas.

Yo personalmente me instalé Runkeeper, y me va tan bien que nunca he arrancado Runtastic. La pongo en marcha nada más empezar a correr, y cuando acabo tengo esta información tanto en el móvil como en la web:

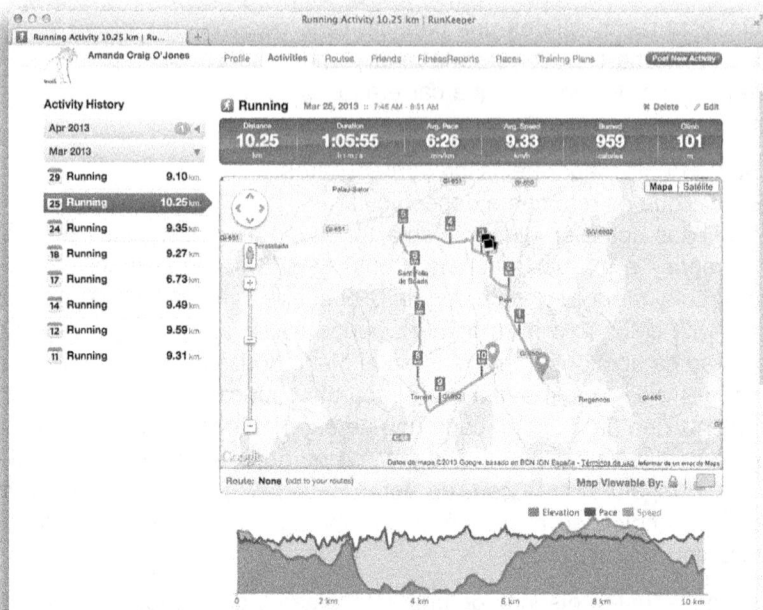

Como verá, es bastante motivador. Se ve el recorrido en un mapa, la altitud ganada, el tiempo empleado... Y, lo más importante, puede enviarlo, publicarlo en Twitter y en Facebook... en fin, presumir con sus amigos que no hacen running.

Las versiones Pro de estas apps, incorporan además algunas características chulas, como que alguien pueda seguir tu sesión en directo, recibir indicaciones sobre alimentación y sueño, conectar dispositivos de fitness u obtener estadísticas adicionales.

Lluvia, viento, frío y calor

No habría ni que explicar esto, pero bueno, si los fabricantes de coches ponen avisos en los retrovisores es que existen personas que necesitan leer las instrucciones cada vez que los usan, así que...

Si llueve, no saque un paraguas para correr, a menos que le interese mucho mucho mucho la electricidad estática. Y tenga cuidado con el pavimento. Un resbalón es muy peligroso. Si hay tierra, pa la tierra. Puede usted usar un impermeable, especialmente en invierno, pero la verdad es que... o se gasta mucha mucha pasta o acabará más mojado por dentro que por fuera, y de un líquido menos noble que el agua.

Cuando hace frío, el sudor juega en su contra en cuanto se quede parado, de forma que procure acabar el ejercicio cerca de su casa.

En verano, evite el sol a partir de las nueve de la mañana. El sol sale muy pronto y sube muy alto, y calienta tanto que todos los sistemas de nuestro cuerpo empiezan a gritar "¿pero tú eres gilipollas?". Correr bajo el sol a las doce no va a impresionar a nadie, y acabará con su moral y sus fuerzas. Llegue a su casa a las nueve como máximo, y conseguirá hacer su ejercicio sin odiarlo.

Finalmente, el viento puede presentarse en cualquier momento y época del año. Una vez, el viento rompió una palmera justo cuando yo pasaba bajo ella. Uno ni se imagina de dónde puede venir el peligro, en un día de viento.

Hidratación

Beba antes y después del ejercicio. Pero no se meta medio litro de agua antes de correr, si no quiere tener unos buenos flatos. Un vaso es suficiente. Tras el ejercicio, su cuerpo le dirá basta cuando tenga agua suficiente. He podido comprobar que es mejor no ceder a la desesperación y tragarse dos litros de agua helada de golpe. Beba un par de vasos, vaya a ducharse, y beba más tras la ducha. Volverá seguramente a sentir sed más tarde. Satisfágala. Evite meterse líquidos con azúcares, a menos que quiera pasarse toda la mañana bebiendo, incluidas esas estúpidas bebidas isotónicas.[1] No tire de zumos ni de nada que no sea agua hasta un par de horas tras el ejercicio.

Dicen que durante el ejercicio hay que beber también. Pero no concibo nada peor que llevar algo en las manos durante el ejercicio. Yo a veces decido dejarme las gafas puestas, y me cuesta correr en línea recta cada vez que me las quito para secarme el sudor de los ojos. ¡Y le recuerdo que sólo he bebido agua!

Y de todos modos, con lo que cuesta mantener acompasada y constante la respiración, acceder al botellín, darse un trago y volver a cerrarlo es una molestia del carajo. En treinta minutos no da tiempo a deshidratarse, de modo que puede ahorrarse el botellín, que no va a pasarle nada.

LAS BOLSAS DE PLÁSTICO

La sensación al sudar es que perdemos peso. Cuanto más sudamos más satisfechos estamos del ejercicio. Sin embargo, es una sensación psicológica. Nada tiene de real. Ponerse bolsas o fajas sólo hace que perdamos más agua, que recuperaremos tras el ejercicio. Para un mejor resultado, use esas bolsas para envolver la cabeza de quien se las recomendó, sin olvidar la cinta americana en el cuello.

---

1 Excepto quizá la que vendo en mi web, mucho más saludable que las demás.

Anexo 1

Los tres peldaños hacia el running

1. El primer peldaño

El primer peldaño hacia el éxito consiste en realizar alguna actividad física, empezando desde cero. Y considerar que no podrá subir el segundo peldaño hasta que lleve algún tiempo realizando dicha actividad. Debe ser una actividad que para usted sea importante y satisfactoria, con la que sude, pero que usted considere posible. Y por último, debe realizarla todos los días sin falta, o por lo menos cinco días a la semana. Cuando usted esté acostumbrado a dicha actividad, pase al segundo peldaño.

2. El segundo peldaño

El segundo peldaño será pisado el día que usted decida dar el paso hacia el running. Debe realizar una progresión, empezando por caminar y correr. Una buena combinación inicial es la siguiente: 8-**3**-5-**2**-4-**3**-5. Camine ocho minutos, corra tres, camine cinco, corra 2...

Al día siguiente trate de rascar algún minuto a las partes caminadas, añadiéndolo a los minutos corridos. La cantidad que quite cada día depende de usted, pero no tenga prisa. Lo importante es no hacer menos. Pero si un día no alcanza a correr los minutos del anterior, no se desespere. Es más importante no perder la costumbre.

3. El tercer peldaño

El día que pueda usted correr quince minutos seguidos, es más que probable que pueda llegar a los treinta. Si no puede no pasa nada. Siga intentándolo. En poco tiempo lo conseguirá, ya falta poco. El día que lo consiga habrá pisado el tercer peldaño. Y ya no se baje. Ahora sí está usted en el camino. Si aguanta seis meses así, habrá conseguido ponerse en condiciones de estar sano y bajar de peso. Recuerde calentar y estirar antes de correr. Y estirar bien después. Recuerde hacerlo en ayunas.

Anexo 2

Su día a día

1. Váyase a dormir pronto, y si no está seguro de poder dormir eche mano a las hierbas o a las drogas. No se preocupe, en la tele no dan nada (digno u honesto).

2. Levántese bien temprano, tome un poco de agua, vístase y salga.

3. Camine de cinco a diez minutos a paso vivo, procure hacer trabajar los músculos que usará al correr.

4. Estire, tómese su tiempo. Estire de nuevo. Cuidado con las articulaciones. Ya estirará mejor al final, en caliente.

5. En fase de aprendizaje, respete los tiempos de caminar, no fuerce, y esté atento a las señales de su cuerpo. Una vez superada la fase, trate de no dejar el ejercicio más de dos o tres días seguidos.

6. Al acabar, camine de nuevo cinco minutos.

7. Estire. Estire bien. Recupérese. Vuelva a estirar. Tardará una hora desde que salga de casa hasta que vuelva, si corre treinta minutos.

8. Hidrátese como una persona, no como una cebra en la estación seca.

9. Desayune integral. Nada de azúcar.

10. Coma sin llenarse. No junte en la misma comida grasas con hidratos de carbono. Respete periodos de tres horas entre comidas. Procure que semanalmente la alimentación incluya todo lo importante.

11. No cene, o cene muy sano, crudo a poder ser, y poco.

A los pocos días, en muy pocas sesiones, usted vivirá mucho mejor, habrá bajado de peso, estará aprendiendo a comer y habrá adquirido el hábito del ejercicio.

No me lo agradezca. Ingréseme un euro de vez en cuando. Ya le daré yo las gracias...

Anexo 3

Motivaciones y trucos

1. Visualice su ejercicio, todos los aspectos positivos, desde el día anterior. Procure no irse tarde a la cama, y aleje sus preocupaciones.

2. Trate de vestirse y salir sin pensarlo mucho, tras levantarse. Una vez en la calle ya lo tiene usted mal para no hacer nada.

3. Piense en que puede perder la vitalidad que ha conseguido, y que se trata sólo de una hora de su día. Piense en lo agobiante que es dar comienzo a la jornada estando desactivado.

4. Su aspecto depende mucho de su decisión. De la piel a la figura.

5. Si no quiere resfriarse, ésta es la mejor manera. Ninguna vitamina le alejará tanto de un resfriado como el running.

6. Aumentará su cantidad de sangre, reducirá su frecuencia cardíaca, eliminará las toxinas y ralentizará el envejecimiento.

7. Pésese y pregúntese cuánto adelgazará hoy con su sesión de running. Sólo hay una forma de averiguarlo.

8. Piense que el desayuno que se meterá después y que no le engordará, sino que le alimentará gracias al ejercicio. Un desayuno que se convierte en merecido premio y que le sentará mucho mejor.

9. Mire sus piernas y glúteos. ¿No desea mantenerlos así de fuertes? Pero ¡deje de tocarse, por Dios!

10. Seguro que prefiere que sus hijos le vean en forma, y no como un viejo decrépito. Además de alejar los ictus e infartos.

11. Engáñese tontamente diciéndose que hoy se limitará a caminar deprisa. Usted sabe que a la que lleve unos minutos caminando se animará a correr, de modo que se saltará el rato malo.

12. Durante buena parte del año, usted ve salir el sol todos los días. Eso es algo que no todo el mundo disfruta. Tampoco las calles desiertas o en silencio.

13. Recuerde lo gratificante que es haber superado de nuevo el reto. Eso no tiene igual.

14. Sólo hay una forma de conseguir endorfinas a estas horas. ¡Adelante las hachas!

15. Nadie creía que finalmente usted lo haría, ni siquiera usted. Todo el mundo, desde su pareja hasta sus amigos, se quedan sorprendidos de que usted resista haciendo esto. Y eso mola...

16. Cambie de ruta, improvise. Parte del aburrimiento se debe a la repetición del esfuerzo en el mismo escenario. Cambiar el escenario renueva la experiencia y de paso le da unos días extra en que le será más llevadero. Conocer otras rutas es siempre interesante.

17. Tenga preparada alguna alternativa al running, como la bici o el gimnasio, o lo que sea, por si un día le fallan las motivaciones. Dejar descansar un día el correteo no es nada malo si lo sustituye por otro ejercicio.

18. Anote cada día que salga en una libreta, los minutos corridos y su peso al llegar. Con el tiempo eso constituirá un registro útil y una motivación extra.

19. Acostúmbrese a dejar alguna decisión importante para el rato del running. Es el mejor momento del día para meditarla.

20. Anote los pensamientos e ideas que se le ocurren durante el ejercicio. ¿Cómo cree que empecé a escribir este librillo?

Anexo 4

Perezómetro

Nivel 1. Ha tardado usted diez minutos más de la cuenta en levantarse de la cama esta mañana.

Nivel 2. Le toca cocinar y está pensando en usar una lata de tomate frito y un bote de garbanzos cocidos.

Nivel 3. Baja usted las escaleras de su oficina y le dice a todo el mundo que es para hacer ejercicio, pero siempre sube en ascensor.

Nivel 4. Deja la leche fuera de la nevera para que el próximo en desayunar no tenga que sacarla, aunque vive usted solo.

Nivel 5. En el fondo de su nevera anida la tercera generación de un nuevo tipo de celentéreo.

Nivel 6. La atestada cinta de caminar del aeropuerto le parece la mejor opción para avanzar veinte metros.

Nivel 7. Ha dado doce vueltas en coche al párquing del supermercado sólo porque no hay sitio a menos de seis metros de la puerta.

Nivel 8. Le toca sacar al perro y está usted preguntando por las llaves del coche.

Nivel 9. Es usted la única persona que viste chándal en el entierro de su suegro.

Nivel 10. Lleva usted viendo *Telecinco* desde hace diez minutos porque se le ha agotado la pila al mando a distancia mientras hacía zapping.

¿Dónde está el límite?

Le voy a contar algo que es verídico, para variar. Yo llegué a correr mi media hora, tal como me propuse al principio, pero una vez la alcancé no quise más. Algún que otro día experimenté con cuarenta o cincuenta minutos, con resultados desoladores. Asfixia, dolores articulares o musculares en los días posteriores... Me dije que media hora estaba bien y llegué a creer que sólo mediante un entrenamiento muy intensivo podría ir más allá de mis treinta minutos. Cada día cuando corría "notaba" que los minutos 28 al 30 eran los últimos posibles para mí. Cuando llegaba al minuto treinta estaba deseando acabar, casi ya asfixiado, y al dejar de correr mis piernas acusaban el esfuerzo realizado.

Hasta un día.

Ese día me encontraba de vacaciones en el Empordà, la parte más bonita de Catalunya (y que me perdonen las demás). Salí a correr por la mañana, me metí campo a través y me salieron dos perros a medio camino que me hicieron cambiar de opinión y de ruta al instante.

Una vez de nuevo en carretera, seguí guiándome por intuición, pero a la media hora la muy inútil seguía muy lejos de encontrar el camino de vuelta. Sin embargo, sabía que no podía parar, porque hacía verdaderamente mucho frío para volver sudado al hostal. A seis grados, empapado en sudor, no podía ponerme a caminar.

Ese día corrí una hora. Y no fallecí (supongo).

Y corrí una hora al día siguiente, y al otro, y al otro...

Y no sólo eso. A la vuelta a mi pueblo incorporé a mi nueva capacidad una ruta con unos cien metros de desnivel positivo. Y la corrí.

Empecé a saber dosificar mis fuerzas y mi ritmo, analizando previamente la ruta. Y no he parado de correr una hora varios días de la semana.

Ahora sé que mi límite actual está en mis piernas, que realmente a la hora de trote empiezan a mostrar una torpeza muy reveladora. Pero sé que a nivel de respiración sería capaz de seguir, y que es cuestión de (poco) tiempo poder ampliar mi límite actual otros cinco o diez quilómetros.

Para alguien que hace seis o siete meses no podía correr más de cinco minutos, ver los veinte quilómetros asomar la nariz por la esquina es... espectacular. Todavía estoy en los diez, pero ya sé que podré correr los veinte, que es una media maratón.

Y como siempre me digo a mí mismo: si yo puedo hacerlo, puede hacerlo casi cualquiera. Yo tengo muy malas condiciones físicas. Años de vagancia y sedentarismo. Sobrepeso. Malos hábitos. Si yo puedo, todo el mundo puede.

Ahora camino mucho más erguido que hace meses. Mis piernas responden bien al esfuerzo. Ya no me canso al subir una escalera. Soy una persona en condiciones normales. Definitivamente, puedo alcanzar un nuevo estadio y ser incluso una persona en forma.

Si le ha gustado...

¿Le ha gustado este libro? Me temo que no puedo oírle ni verle. Mejor haga una (o varias) de las siguientes cosas:

- **recomiéndelo a sus amig@s**
  (y su jefe enfermará repentinamente y por varios meses)

- **sígame en twitter.com/amanda_c_ojones**
  (y le tocarán seiscientos mil euros en la lotería, aunque no juegue)

- **haga "me gusta" en facebook.com/runningparavagos** (y su vecin@ buenorr@ se enamorará de usted)

- **si lo ha descargado, valore bien el libro o escriba una buena reseña en donde lo haya descargado**
  (y Supermán le transferirá sus poderes –sin sus obligaciones–, se volverá inmortal y Obi-Wan Kenobi resucitará)

...

- **o ingréseme su última nómina**
  (y la deducción Big Bang a partir del efecto Doppler pasará por fin a ser un chiste, se convertirá usted en energía pura, y podrá viajar al pasado para convencer a tu tatarabuelo de que "esa otra amiga" es mejor para él, justo a tiempo)

www.ingramcontent.com/pod-product-compliance
Lightning Source LLC
Chambersburg PA
CBHW060808110426
42739CB00032BA/3150